SAVOIR TOUT FAIRE

168 bis - 170 rue Raymond Losserand
75014 Paris
Tél. : 01 44 78 98 38
Fax. : 01 44 78 97 70

Auteur Collectif
Éditrice Sylvie Valentin
Directrice de collection Stéphanie Guillaume
Directrice artistique Clotilde Chevalier
Maquettistes Vanessa Paris, Olivia Willaumez
Correcteurs Jean-Marie Lorin &
Emmanuelle Raux-Boterberg

ISBN : 978-2-3614-5005-2

Image de couverture : Matthieu Rebuffat
Crédits photos : tous droits réservés.

Cet ouvrage n'est ni édité ni produit par Adobe
Photoshop est une marque de Adobe Systems.

SAVOIR TOUT FAIRE avec
PHOTOSHOP
Dessin et peinture numérique

Collectif

Oracom Éditions

SOMMAIRE

Annexes

EN BREF

PRÉSENTATION DE L'OUVRAGE

1. Image du tutoriel

Au début de chaque tutoriel, vous trouverez l'image finale en grande taille afin d'apprécier le résultat auquel vous parviendrez.

2. Titre et introduction

Le titre, le chapeau et l'introduction ont pour but de vous présenter le tutoriel qui suit pour vous mettre dans les conditions de sa réalisation.

3. Sur le CD

Lorsque les éléments du tutoriel se trouvent sur le CD qui accompagne ce livre, ils sont détaillés ici.

1. Titre de l'étape

Le titre de chaque étape vous indique ce que vous allez précisément entreprendre.

2. Texte de l'étape

Le texte est concis afin de contenir une nouvelle avancée stratégique dans la réalisation du tutoriel complet.

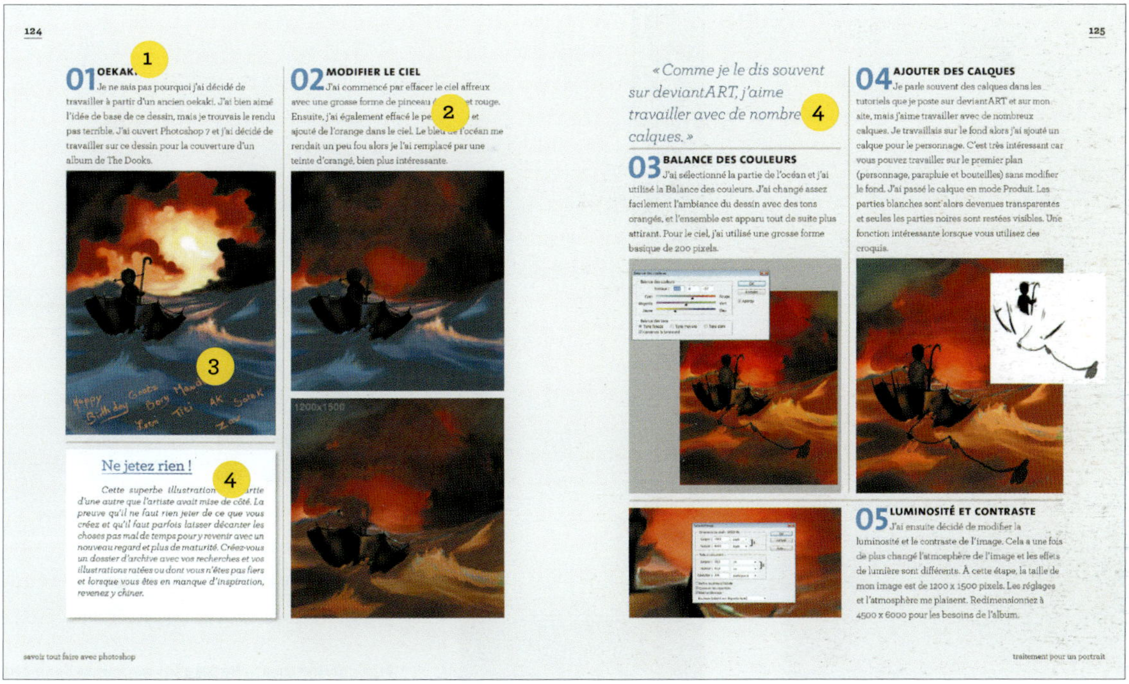

3. Capture d'écran

La capture d'écran est là en support du texte et vous montre où cliquer et comment agir.

4. Encadré et exergues

Certains tutoriels sont ponctués d'encadrés et d'exergues qui vous fournissent des astuces.

L'INTERFACE DE PHOTOSHOP

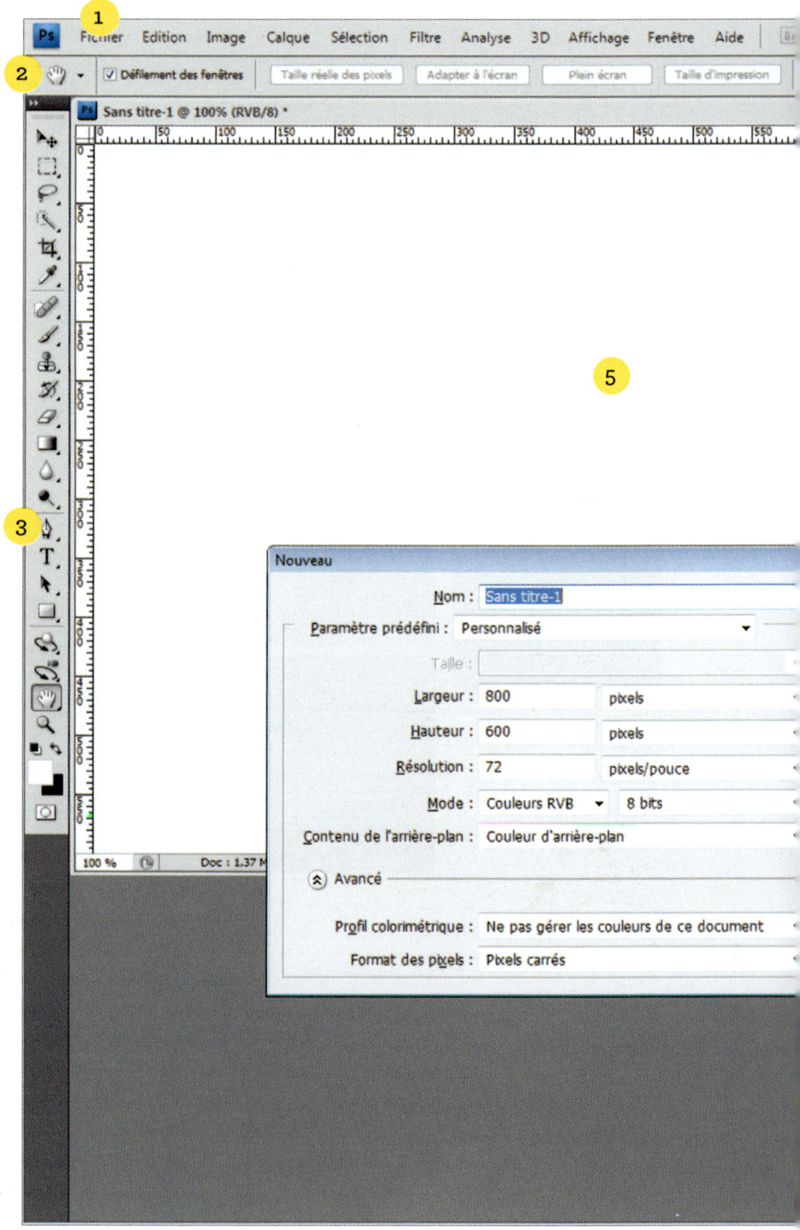

Qu'il s'agisse des menus ou du placement des panneaux et barres, Photoshop vous permet à tout moment de sauvegarder l'espace de travail tel que vous l'avez configuré, ou de revenir à un placement par défaut ou paramétré en passant par le menu Fenêtre> Espace de travail.
Vous trouverez dans l'aide du logiciel plus de détails sur la gestion de l'interface.

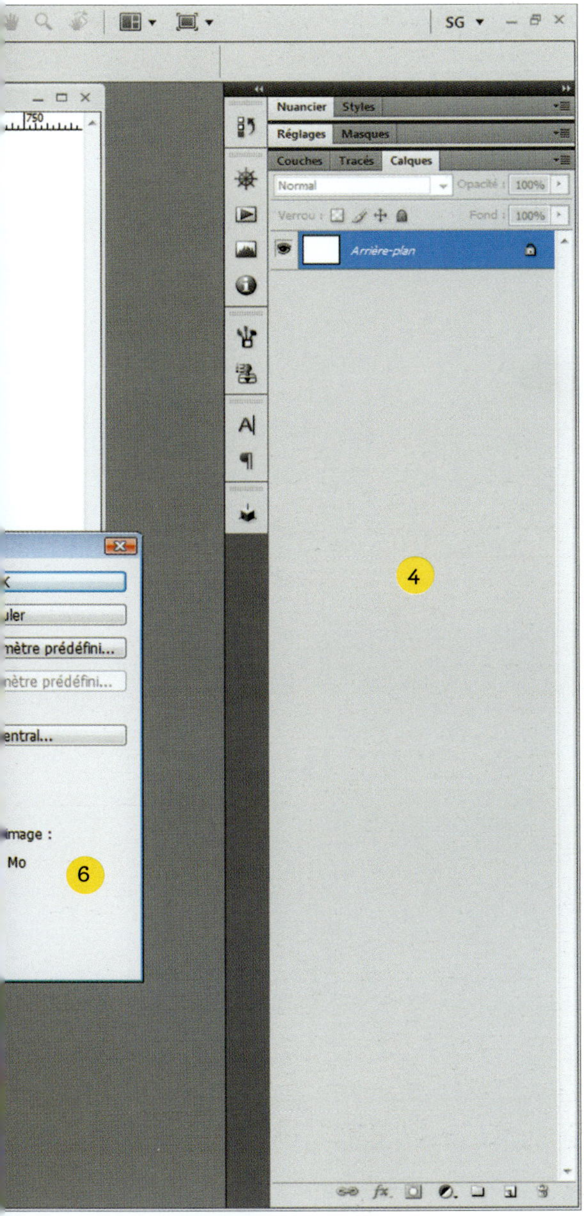

1. Le menu

Le menu se trouve en haut de l'interface, au-dessus de la barre d'options et contient tous les menus de l'application.

2. La barre d'options

Cette barre, placée en haut de l'écran, contient les options de l'outil sélectionné. Elle permet de le paramétrer plus précisément.

3. La barre d'outils

Cette barre contient tous les outils de Photoshop. Vous pouvez la réduire sur une colonne ou la laisser sur deux selon vos préférences.

4. Les panneaux

Les panneaux de Photoshop se trouvent par défaut à droite de l'interface, mais peuvent être détachés, empilés, réduits et développés à souhait.

5. Les documents

Les documents de Photoshop peuvent être ouverts par onglets, les uns à côté des autres ou encore les uns sous les autres selon les besoins.

6. Les boîtes de dialogue

Lorsque vous sélectionnez une fonction dans un menu, souvent une boîte de dialogue s'ouvre pour vous permettre d'entrer des réglages.

REMERCIEMENTS

Merci à

Alexandre Bonvalot, Antoine Defarges – Factusse, Arthur Hugot, Caroline Attia, Charlene Le Scanff, Cyril Rolando, Cyrille Nicoloff, Damien Kiernozek, Genguiz Gokaltay, Kim Le Louis, Matthieu Rebuffat, Moon, Morgan Villette, Silvergraphx, Sophie Aguado, Thibaut Hofer, Thierry Maurel et YUIO.

Merci à Adobe et Ketchum

INTRODUCTION

Les artistes que vous allez découvrir dans cet ouvrage mériteraient chacun un ouvrage dédié tant leurs créations peuvent être spectaculaires et leurs techniques vraiment intéressantes. Nous les avons sélectionnés pour leur talent et leur diversité. Le but ici est de vous donner un aperçu de ce qui est possible en matière de dessin et de peinture numérique avec Photoshop.

La plupart du temps, dans ce domaine, vous aurez besoin d'une tablette graphique. Difficile en effet de dessiner avec une souris. Mais rassurez-vous, Wacom par exemple propose des tablettes tout à fait convenables avec un prix à deux chiffres. Elles sont faciles à installer, à prendre en main et à transporter.

Vous aurez aussi besoin pour ces exercices d'un minimum de savoir-faire en matière de dessin. Si ce n'est pas le cas mais que ce sujet vous passionne, pas de panique. Achetez-vous un petit carnet de croquis, dessinez tout ce que vous voyez, recopiez, visitez des expos, prenez des cours. Tout s'apprend ! Chargez-vous des crayons et du dessin et nous nous occupons d'enrichir vos connaissances techniques informatiques à travers des pages et des pages d'astuces et de conseils exposés par des professionnels..

STÉPHANIE GUILLAUME

Bar Lounge à Miami © Caroline Attia 2008.

BAR LOUNGE À MIAMI

Créez une illustration avec Photoshop en utilisant une technique de peinture et des textures.

Photoshop est un puissant outil de dessin qui permet d'obtenir des résultats proches de ceux des techniques traditionnelles. En l'alliant avec une bonne tablette graphique, ou pour les plus chanceux une tablette écran, il est facile de peindre numériquement. Une gamme colorée réduite, des formes de pinceaux bien choisies et des textures faites sur mesure sont les ingrédients qui permettent de recréer l'ambiance de cette scène de lounge. Laissez-vous guider pas à pas au travers de ce tutoriel pour découvrir la méthode de Caroline Attia.

SUR LE CD : Il n'y a pas d'élément pour ce tutoriel sur le CD.

NOTRE EXPERT
Paris, New York et Berlin, de l'illustration à l'animation, Caroline Attia allie mouvement et recherches graphiques inspirées de la danse et de la mode. Après des études effectuées à l'ENSAD de Paris, elle travaille désormais comme illustratrice et réalisatrice freelance pour la pub, l'édition et le Web. Elle adore explorer différentes techniques alliant méthodes traditionnelles et numériques telles que Photoshop ou Illustrator. Son travail a été publié dans de nombreux livres et magazines, comme ELLE, le New York Times, Pictoplasma, Atmosphère, Epok, Computer Arts...

01 POUR COMMENCER

Commencez par créer un nouveau document (Fichier> Nouveau) avec un format personnalisé de 29,7 x 17,3 cm. Importez le croquis du décor et les dessins des personnages sur des calques séparés, leurs lignes nous seront utiles plus tard. Mettez chaque calque en mode Produit pour voir les niveaux du dessous tout en gardant les lignes qui vous serviront de base à l'écran.

02 UNE BASE DE COULEUR

Commencez par poser une base de couleur sur le décor en mettant chaque couleur sur un calque séparé. Dans le menu Pinceau, choisissez les pinceaux à sec et sélectionnez la quatrième forme. Augmentez la Taille à 66 px par exemple pour poser rapidement les couleurs. Cette étape vous permet de choisir les couleurs les unes par rapport aux autres et de voir comment elles fonctionnent entre elles.

03 CRÉER LA FORME DU BAR

La forme du bar, inspirée de motifs Arts Déco, nécessite un tracé précis. Ici, l'outil Plume est le plus recommandé pour en tracer la forme globale. Plutôt que de s'attaquer au dessin de la forme, mieux vaut tracer la contre-forme pour plus d'aisance dans le dessin. Il faut bien utiliser les courbes de Bézier pour que le tracé soit le moins anguleux possible : sur chaque point posé, des poignées vous permettent de travailler la forme de la courbe, soit en les orientant, soit en les étirant.

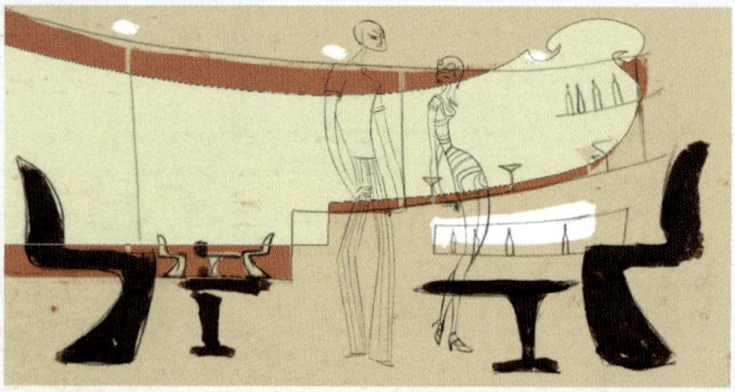

04 AFFINER LE FOND

Sélectionnez la forme du calque de tracé (Ctrl/Cmd+clic). La zone sélectionnée sera entourée de pointillés. Sur un nouveau calque, créez un masque (dans le panneau Calques, troisième icône en bas). Inversez ce masque pour que la contre-forme devienne une forme. Remplissez le calque de beige puis, avec le pinceau, pour lequel vous choisirez une taille plus fine, ajoutez des détails : les verres sur le bar, les lignes des fenêtres, les sièges et tables du fond. Pour les spots lumineux au-dessus du bar, utilisez l'outil Ellipse de sélection et remplissez de blanc.

05 FINALISER LES SIÈGES ET TABLES

À l'aide d'un pinceau fin, affinez le dessin de la table et de la chaise du premier plan. La matière du pinceau peut apparaître à certains endroits. Une fois satisfait, dupliquez ce calque. Placez-le à la place de l'autre table et chaise, activez la fonction Transformation (Ctrl/Cmd+T). Désactivez le cadenas entre longueur et largeur et entrez - 100 % dans la case L. Vos table et chaise seront ainsi inversées. Ensuite, réactivez le cadenas afin de les réduire de façon homothétique jusqu'à la taille voulue. Dessinez dessus une flûte de champagne.

06 CRÉER LES LUMIÈRES

Créez un nouveau calque. Imaginez une forme qui serait la projection de la forme de la fenêtre au sol. Dessinez-la en blanc au Pinceau. Dans le panneau Calques, baissez ensuite l'Opacité à 50 %. Créez un nouveau calque dont vous baisserez l'Opacité à 35 %. À l'aide de l'outil Rectangle de sélection, tracez des cônes partant des spots au-dessus du bar et remplissez-les de blanc à l'aide de l'outil Pot de peinture.

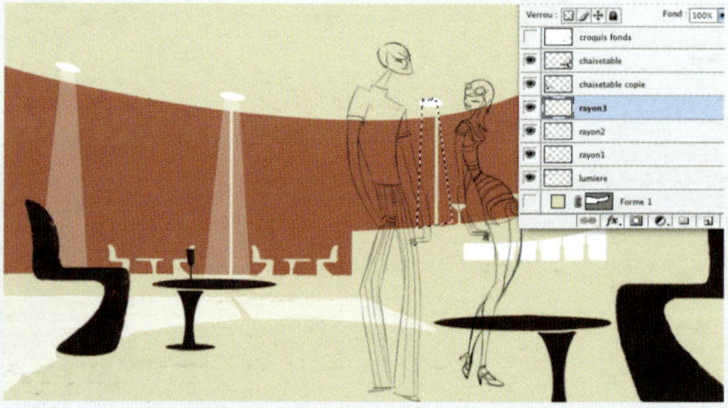

07 CRÉER UNE TEXTURE

Créez un nouveau fichier de 20 x 30 pixels et, dans la case Contenu de l'arrière-plan, choisissez Transparent. Les touches Ctrl/Cmd+R affichent les règles. En vous plaçant sur l'une d'elles, faites un clic droit. Un menu déroulant vous propose de choisir l'échelle, sélectionnez Pixels. Placez un repère au milieu en longueur et en largeur. Dans le panneau Formes, sélectionnez Réinitialisez les formes. Prenez une forme ronde de diamètre 2. Tracez un losange, les angles doivent être au milieu de chaque côté du document pour que les motifs, une fois qu'ils seront utilisés comme texture, se joignent bien entre eux.

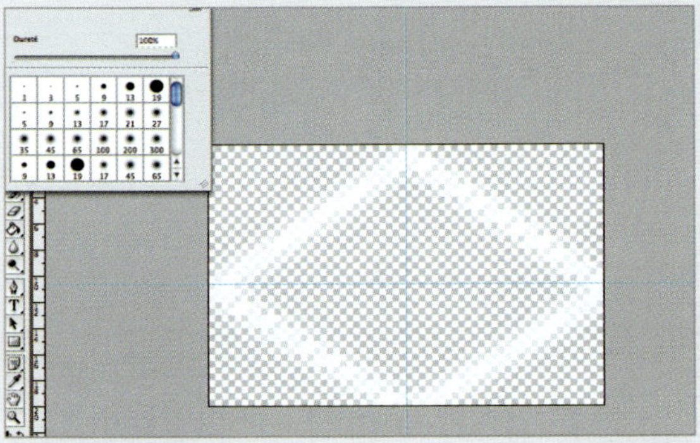

« Il faut bien utiliser les courbes de Bézier pour que le tracé soit le moins anguleux possible. »

08 TRANSFORMER LA TEXTURE EN MOTIF

Allez dans Édition> Utiliser comme motif et donnez un nom au motif, puis revenez sur votre fichier de départ. Sélectionnez le fond de couleur, allez dans Édition > Remplir puis, dans le menu Avec : choisissez Motif, sélectionnez le motif que vous venez de créer. Votre fond de couleur est ainsi texturé.

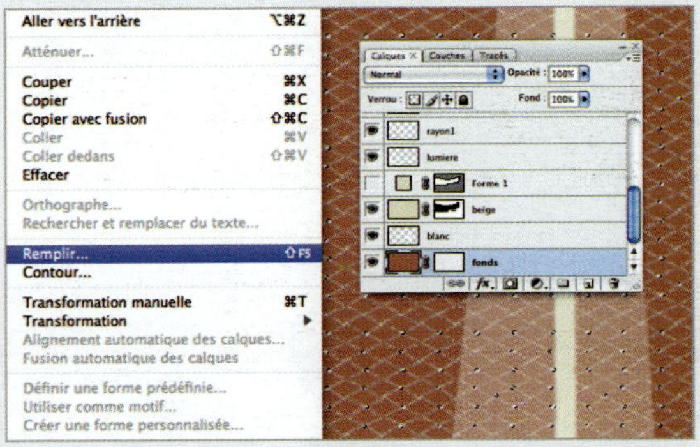

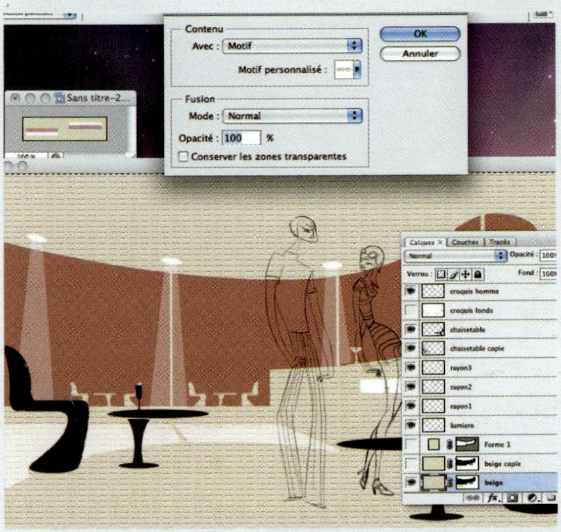

09 CRÉER LA TEXTURE DU BAR

Utilisez la même technique pour créer une texture pour le bar. Dans un fichier de 60 x 20 pixels de la couleur du bar, tracez deux lignes l'une au-dessus de l'autre, une blanche et une de la couleur du fond. Répétez le même motif à côté en le décalant en hauteur. Transformez ce fichier en motif. Sélectionnez en faisant Ctrl+clic sur le calque du bar, créez un nouveau calque au-dessus de celui-ci et, après vous être assuré que votre sélection est toujours activée, ajoutez un masque à ce calque. Appliquez votre nouvelle texture à ce calque et jouez ensuite avec l'opacité pour que votre texture ne soit pas trop présente.

10 RÉCUPÉRER LES LIGNES DES PERSONNAGES

Maintenant que le décor est bien avancé, attaquez-vous aux personnages. Masquez tous les calques à l'exception de celui du dessin de la fille. Dans le panneau Couches, sélectionnez la couche RVB avec Ctrl+clic. Créez un nouveau calque auquel vous ajouterez un masque. Inverser votre masque ; ce calque vous permettra de coloriser la ligne du personnage.

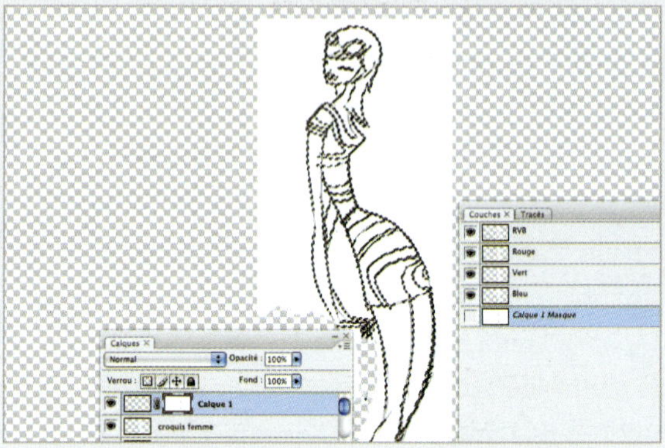

11 ÉBAUCHER LES PERSONNAGES

Créez un calque sur lequel vous peindrez, avec la même forme qu'au début, l'ensemble du personnage en marron en en définissant bien la forme. Créez ensuite un calque par-dessus, en lui appliquant un masque de la forme du calque en dessous. Dessus, peignez le personnage en choisissant des couleurs qui fonctionnent bien avec le fond.

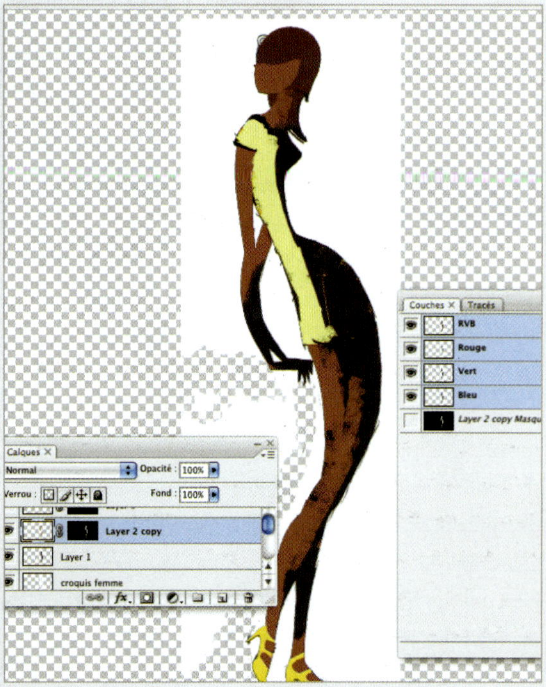

12 FINALISATION DES PERSONNAGES

Pour donner une dernière touche aux personnages, revenez sur les calques des lignes que vous avez créés dans l'étape 9. Quand vous colorerez ce calque avec le Pinceau, vous remarquerez qu'elles ne s'appliquent que sur les contours du personnage. Prenez des couleurs dans les mêmes tonalités que les parties par-dessus lesquelles vous peignez mais en plus sombre, et ajoutez des contours avec parcimonie, aux endroits qui apportent un confort de lecture. Enfin, vous pouvez aussi ajouter des textures sur le pull de l'homme par exemple.

13 AJOUT DE REFLETS ET OMBRES PORTÉES

Regroupez l'ensemble des calques qui constituent la fille dans un dossier (icône Créer un groupe en bas du panneau Calques), puis dupliquez ce dossier et aplatissez-le avec Ctrl/Cmd+E. Masquez le dossier en dessous, il vous servira de sauvegarde si vous voulez revenir dessus. Double-cliquez sur le calque aplati ; la boîte de dialogue Style de calque apparaît. Ajoutez une ombre portée, baissez-en l'opacité, augmentez la taille, vous pouvez aussi changer la couleur. Faites la même chose avec l'homme.

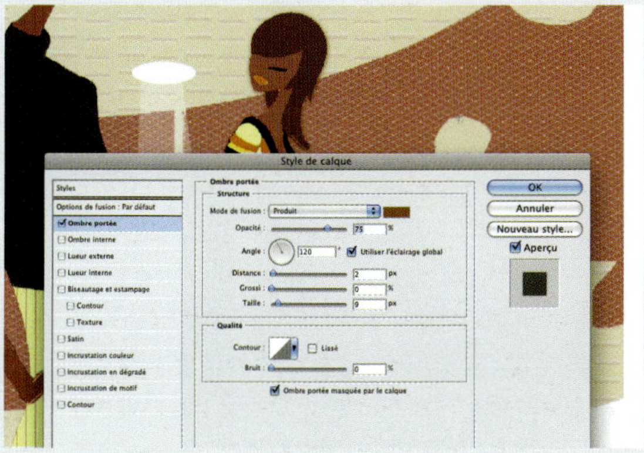

14 REFLETS

Ajouter des reflets vous permettra de donner un aspect brillant au sol. Commençons par l'homme. Dupliquez le calque de l'homme, mettez-le en dessous du calque original dans la pile des calques. Renommez-le "reflet". Allez dans Édition> Transformation> Symétrie axe vertical. Placez-le ensuite au niveau des pieds du personnage, puis créez un masque. Prenez l'outil Dégradé, sélectionnez du noir pour la couleur d'arrière-plan et du blanc pour le premier plan, puis, en sélectionnant bien la fenêtre du masque, créez un dégradé qui commence plus haut que les pieds jusqu'au-delà de la fin du document. Répétez l'opération pour la femme, les chaises et tables.

15 FINALISATION

Pour finir, ajoutez des personnages en silhouette avec le pinceau dans la couleur du bar. Commencez toujours par les volumes principaux, puis affinez en jonglant entre la Gomme et le Pinceau pour sculpter les formes. Un barman derrière le bar, un serveur avec un plateau, un couple dans le fond donneront de la vie à votre scène. Enfin, pour ajouter quelques détails, utilisez une Gomme fine pour dessiner quelques lignes à l'intérieur de ces personnages ; le fond apparaîtra au travers et créera des lignes de sa couleur. Une fois ces dernières touches appliquées, votre image est terminée !

L'ARTISTE

Caroline Attia

Entre Paris, New York et Berlin, de l'illustration à l'animation, Caroline Attia allie mouvement et recherches graphiques inspirées de la danse et de la mode. Après des études effectuées à l'ENSAD de Paris, elle travaille désormais comme illustratrice et réalisatrice freelance pour la pub, l'édition et le Web. Elle adore explorer différentes techniques alliant méthodes traditionnelles et numériques telles que Photoshop ou Illustrator. Son travail a été publié dans de nombreux livres et magazines, comme ELLE, le New York Times, Pictoplasma, Atmosphère, Epok, Computer Arts... http://www.carolineattia.com/

Tablette Wacom

Que vous débutiez en peinture numérique ou que vous en soyez déjà à un niveau avancé, Wacom dispose de tablette graphique pour tous les niveaux. En partant de la Bamboo au Cintiq (tablette écran) en passant par la gamme Intuos, ces tablettes vous permettent d'avoir plus de contrôle sur vos coups de pinceaux. Vous pouvez jouer sur la pression du stylet pour gérer diverses options des pinceaux, mais aussi sur son inclinaison. Divers stylets sont d'ailleurs disponibles, comme l'aérographe, et certaines tablettes sont vendues avec plusieurs pointes pour votre stylet.

Les tablettes disposent de boutons paramétrables (ExpressKey) pour vos raccourcis clavier les plus courants et d'autres options comme le TouchRing où vous faites glisser votre doigt pour zoomer, faire, défiler, etc. selon vos réglages.

UNE ILLUSTRATION POUR LA SAINT-VALENTIN PAS TRÈS VALENTIN

Créez une illustration avec Photoshop en utilisant des pleins et des déliés et en l'agrémentant de matières.

Photoshop vous permet, grâce à ses formes de pinceaux personnalisables, de recréer des rendus proches de ceux du pinceau, des pastels ou des traits de crayon. Les formes incluses dans le logiciel vous offrent déjà pas mal de champs d'exploration. En travaillant avec des matières de papier, de lavis d'aquarelle que vous aurez au préalable scannées, vous pourrez ajouter de la vie à vos images. Nous allons explorer dans ce tutoriel l'utilisation de ces matières pour rendre vos mises en couleurs plus vibrantes et moins plates. Laissez-vous guider pas à pas au travers de ce tutoriel pour découvrir la méthode de Caroline Attia.

SUR LE CD : Vous trouverez sur le CD l'image au format PSD en basse définition avec tous les calques Photoshop et les matières pour un usage personnel uniquement.

NOTRE EXPERT
Paris, New York et Berlin, de l'illustration à l'animation, Caroline Attia allie mouvement et recherches graphiques inspirées de la danse et de la mode. Après des études effectuées à l'ENSAD de Paris, elle travaille désormais comme illustratrice et réalisatrice freelance pour la pub, l'édition et le Web. Elle adore explorer différentes techniques alliant méthodes traditionnelles et numériques telles que Photoshop ou Illustrator. Son travail a été publié dans de nombreux livres et magazines, comme ELLE, le New York Times, Pictoplasma, Atmosphère, Epok, Computer Arts...

01 POUR COMMENCER

Créez un nouveau document de 21 x 21 cm. J'affectionne particulièrement la gamme des pinceaux à sec. Pour la mise en place de votre image, utilisez la troisième forme de la deuxième ligne, et de manière lâchée et rapide mettez en place votre composition à l'aide d'une tablette graphique. Le plus important à ce niveau est de travailler l'ensemble de l'image et de ne pas s'attarder sur les détails pour que tout soit équilibré. Vous pouvez aussi le faire sur papier et importer votre croquis.

02 COMMENCER PAR LA FILLE ET LE CHIEN

Baissez l'opacité de votre calque de croquis et créez un nouveau calque par-dessus. Augmentez le diamètre de votre forme (autour de 30), finalisez le dessin de la fille et du chien. En choisissant un diamètre élevé de forme, vous pourrez ainsi jouer avec des pleins et des déliés en appuyant plus ou moins avec votre stylet sur votre tablette graphique. Essayez d'avoir des mouvements continus avec votre bras.

03 DESSINER LA FILLE ET LE CHIEN

Ajoutez ensuite des touches de couleur avec la même technique que pour le noir et blanc. Le T-shirt de la fille sera traité en aplats de couleur sans contour. Ajoutez ensuite des touches de rose sur les joues, pour marquer quelques ombres, quelques tâches de rousseur puis des tâches de rouge pour dessiner les ongles, le vernis à ongles sur le pinceau et le tube.

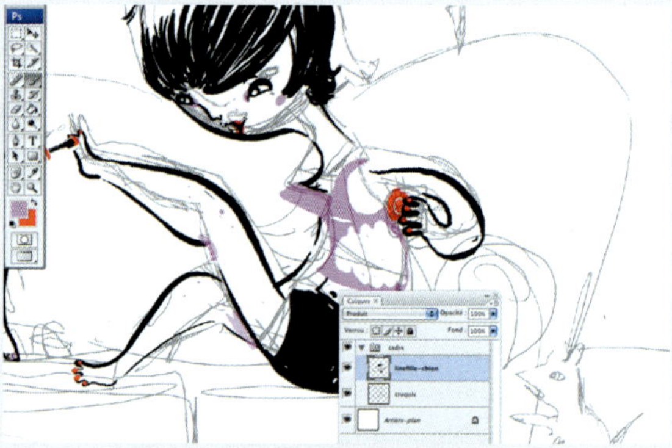

04 FINALISATION DE LA FILLE ET DU CHIEN

Enfin, dans le menu Calque, passez en mode Produit et changez de forme : la dernière de la troisième ligne avec un diamètre plus élevé. Remplissez vos personnages de blanc. Le mode Produit avec du blanc n'affectera pas vos couleurs mais permettra de masquer ce qu'il y a en dessous de vos personnages. Ne vous en faites pas si le blanc dépasse un peu.

05 ÉLÉMENTS DU FOND

Créez un nouveau calque que vous placerez en dessous de celui de la fille et du chien. Avec la forme du début et un diamètre élevé, dessinez la masse du canapé en choisissant la couleur qui vous semble convenir avec celles de la fille et du chien. Dessinez de la même façon les masses des tableaux derrière les personnages.

06 LIGNES BLANCHES

Affinez le diamètre de la forme puis, sur un calque au-dessus, ajoutez des contours blancs pour donner plus de définition au canapé et aux cadres. Vous pouvez aussi commencer à cette étape à esquisser le contenu des cadres. Encore une fois, il est important ici de travailler les pleins et les déliés des lignes. Vous pouvez vous entraîner en créant un autre fichier vide.

07 ENCORE QUELQUES DÉTAILS

Maintenant que vous maîtrisez les pleins et les déliés, dessinez sur un nouveau calque la petite souris voyeuse, puis la radio derrière le canapé. Là encore, vous pouvez ajouter des détails de moindre importance en couleurs pour qu'ils arrivent dans un second temps de lecture.

08 IMPORTER UNE MATIÈRE

Sur une feuille de papier texturée, passez un lavis d'aquarelle d'une couleur unie ou utilisez simplement des textures que vous pouvez trouver dans des banques d'images. Importez-la dans votre fichier, assurez-vous qu'elle est bien en noir et blanc en vérifiant que vous êtes sur le calque de la texture : Image> Réglages> Noir et blanc. Ensuite, en travaillant sur les niveaux de cette texture (Ctrl/Cmd+L), augmentez les lumières et densifiez les noirs.

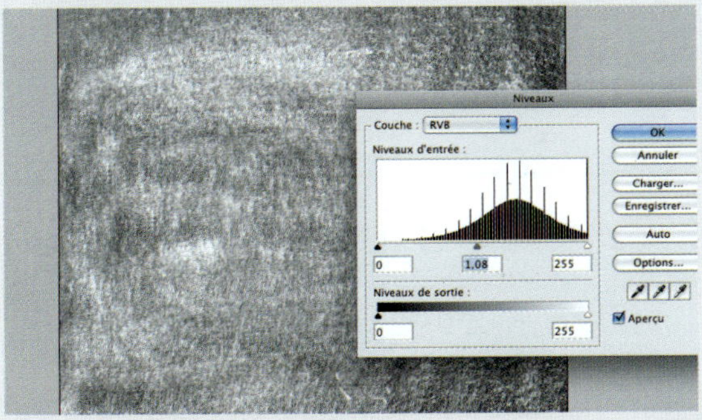

09 TRANSFORMER CETTE MATIÈRE EN MASQUE

Allez dans Fenêtre> Couches. Assurez-vous que la texture d'aquarelle est au-dessus de tous les autres calques et qu'elle masque le reste de l'image. Faites Ctrl/Cmd+clic sur la couche RVB pour récupérer les niveaux de gris de votre texture. Des pointillés vont apparaître sur votre image. Masquez le calque de texture puis allez sur le calque de la fille et du chien et dupliquez-le.

10 TEXTURER LES PERSONNAGES

En vous assurant que la sélection des niveaux gris de votre texture est toujours active, cliquez sur la troisième icône en bas du panneau Calques. Un masque se crée alors sur votre calque. Mettez ce calque en mode Produit, puis baissez l'Opacité du deuxième calque de la fille et du chien (celui sans masque) à 60 %. Vos traits et aplats de couleur sont texturés avec la matière de l'aquarelle. Récupérez la forme de ce calque (Ctrl/Cmd+clic) puis ajoutez un calque en dessous que vous remplirez de blanc. Ainsi, malgré la transparence et le mode Produit, vous récupérez le blanc du personnage sur le décor.

11 DONNER DE LA MATIÈRE AUX DÉCORS

Texturez maintenant le décor. Vous pouvez récupérer la matière plus facilement en faisant Ctrl/Cmd+clic sur le masque du calque auquel vous avez précédemment appliqué la matière. Allez sur le calque du canapé et créez un masque. Vous remarquerez que les couleurs sont passées. Pour y remédier, dupliquez votre calque et mettez celui du dessus en Produit.

12 ATTAQUER LE FOND

Importez une matière de papier kraft, soit d'une banque d'images, soit préalablement scannée. Une fois que vous avez ouvert le fichier dans Photoshop, faites-le glisser vers votre illustration. Un nouveau calque la contenant se crée. Glissez ce calque en bas de votre pile. Pour agrémenter le fond, créez par-dessus un calque auquel vous appliquerez un masque de la texture aquarelle. Dans le panneau Calques, cliquez sur la vignette de l'image et non du masque. Utilisez l'outil Dégradé et sélectionnez le second type de dégradé. Appliquez un dégradé qui va du bleu ciel au blanc et mettez le calque en mode Produit. Votre kraft sera ainsi coloré.

13 CRÉER UN CADRE FAIT MAIN

Dans le panneau Calques, la cinquième icône en partant du bas vous permet de créer un dossier. Nommez-le "cadre". Faites glisser ensuite tous les calques à l'intérieur de ce dossier. Ajoutez-lui un masque de la même façon que pour un calque. Cliquez sur ce masque pour l'activer et pouvoir travailler dessus. Choisissez la dernière forme de la troisième ligne que vous avez utilisée précédemment et, avec du noir, dessinez un cadre qui ne soit pas droit, mais harmonieux. En utilisant du noir, tout ce qui est peint disparaît de l'image, d'où l'intérêt d'avoir fait glisser tous vos calques dans ce dossier.

14 DERNIÈRE COUCHE DE DÉTAILS

Ajoutez enfin des derniers détails. Sur un nouveau calque, vous pouvez choisir une forme à diamètre fin (5) puis dessiner des cœurs en rose, rouge et blanc. Le pinceau fin vous donnera un rendu de ligne différent de ceux utilisés jusqu'à présent, il sera plus sec. Vous pouvez aussi ajouter du blanc sur un autre calque derrière la radio et la souris pour les rendre plus lisibles.

15 FINALISATION

Pour finir, regardez votre image dans son ensemble. Maintenant que tout est dessiné, toutes les matières posées, vous pouvez affiner votre image en changeant l'opacité de certains calques ; par exemple vous pouvez diminuer la présence du kraft, du canapé. Et voilà, votre image est terminée !

NE

L'ARTISTE

Caroline Attia

Entre Paris, New York et Berlin, de l'illustration à l'animation, Caroline Attia allie mouvement et recherches graphiques inspirées de la danse et de la mode. Après des études effectuées à l'ENSAD de Paris, elle travaille désormais comme illustratrice et réalisatrice freelance pour la pub, l'édition et le Web. Elle adore explorer différentes techniques alliant méthodes traditionnelles et numériques telles que Photoshop ou Illustrator. Son travail a été publié dans de nombreux livres et magazines, comme ELLE, le New York Times, Pictoplasma, Atmosphère, Epok, Computer Arts... http://www.carolineattia.com/

Panneau Formes

Le panneau Formes est accessible par la touche F5 dans Photoshop. Prenez l'outil Pinceau et vous pourrez alors accéder à ses options par ce panneau. Dans Formes prédéfinies, vous trouverez la liste des formes disponibles et pourrez en régler le diamètre. Dans Forme de la pointe sont disponibles d'autres options comme la Dureté (plus ou moins floue) ou le Pas (espacement entre les formes). Viennent ensuite tous les réglages de Dynamique qui permettent de faire varier votre forme soit en fonction de la pression sur le stylet si vous avez une tablette, soit en fonction d'un pourcentage à régler. Vous pouvez, dans ce panneau, régler une seconde forme pour votre pinceau ; les deux formes se combinent alors pour en créer une troisième.

D'autres options sont disponibles comme l'ajout de bruit dans vos coups de pinceau, l'option Aérographe, les Bords humides, etc.

Notez qu'une fois une forme personnalisée, vous pouvez la mémoriser en passant par le menu contextuel de ce panneau en choisissant Nouvelle forme prédéfinie.

emua la tête avec terreur. Il ne voyait pratiquement plus rien. Le bruit de la rame se fit plus fort. Elle se mit à rugir et à hurler dans sa direction. La
ncte. Il sentit le quai trembler à l'approche de la rame, et alors il n'y eu plus que le fracas du métro(...).»

ILLUSTRER UN TEXTE

Cette image a été pour moi l'occasion de travailler deux points importants dans mon approche de l'illustration, le premier consistant à illustrer le plus fidèlement possible un passage choisi de roman, le second étant d'y parvenir en utilisant une seule forme de pinceau pour 95 % du travail. Illustrer un texte permet de trouver l'inspiration, mais cet exercice vous oblige surtout à affronter les éventuelles difficultés en ne vous laissant pas vraiment le choix de ce qui sera représenté puisque vous devez illustrer au mieux ce qui est écrit. Quant au nombre restreint de pinceaux, je pense que c'est un bon moyen de se concentrer sur l'essentiel, à savoir le dessin.

enait de

SUR LE CD : Vous trouverez sur le CD le fichier final avec tous les calques.

NOTRE EXPERT
Factusse (Antoine Defarges)

À 22 ans, Factusse a travaillé dans l'imprimerie, le Webdesign et en agence de communication. Expert en matière de mise en page, de montage et retouche photo, et surtout d'illustration, il a intégré la rédaction d'Advanced Creation en 2009. Il est également scénariste, dessinateur et coloriste de BD à ses heures perdues. www.factusse.com Contact auteur : grobbmineur@hotmail.com.

01 RECHERCHES ET CROQUIS

Après avoir sélectionné un passage à illustrer, commencez par rechercher un bon nombre de photos ou d'images de référence pour tous les éléments-clés de l'image ; évitez de laisser votre dessin à l'improvisation, prenez le temps de trouver des "modèles". Faites un ou plusieurs croquis sous différents angles de vue, sans trop détailler. Ne passez pas à l'étape suivante tant que vous n'avez pas mis en place tous les éléments importants (perspective, composition et proportions).

02 PREMIÈRES VALEURS

Passez le calque de croquis en mode Produit et peignez sur un nouveau calque sous celui-ci. J'utilise un pinceau type craie foncée pour la totalité de l'image, il permet de recouvrir de grandes surfaces mais aussi de bien détailler. En utilisant deux gris différents, délimitez les premiers volumes et surfaces. Pour le moment, j'ai uniquement indiqué la voie ferrée, les deux poteaux du premier plan, le sol et le mur de gauche. J'ai prévu que ma source lumineuse soit au plafond, c'est donc la partie interne des poteaux qui sera la plus claire.

03 DUPLIQUER LES POTEAUX

Pour gagner du temps, et aussi car il est très laborieux de redessiner plusieurs fois la même chose, je décide de détourer le premier poteau avec le Lasso polygonal et de le dupliquer en suivant la perspective. Je fais Ctrl/Cmd+T et je réduis la taille des colonnes en restant appuyé sur Maj pour conserver les proportions. Il sera sans doute nécessaire de couper le haut et de rallonger le bas des poteaux pour qu'ils correspondent bien à la perspective.

04 AFFINER LES VALEURS

Essayez de délimiter la totalité de l'architecture, très simplement, toujours avec différents niveaux de gris. Le métro est peint très rapidement, pour donner une impression de flou et de mouvement, tout en essayant d'indiquer l'emplacement des vitres avant et des portes latérales. Important : peignez le métro sur un calque à part, ce sera plus facile pour la suite !

05 ÉLÉMENTS SUPPLÉMENTAIRES

Une fois que tous les volumes de l'architecture sont en place, j'ajoute des panneaux, des marquages au sol ainsi que les emplacements des néons. Les panneaux sont peints avec un gris très foncé, les marquages au sol avec un gris moyen et les lumières en blanc, en suivant la perspective ; ce sont de simples rectangles reliés par des traits fins.

« Essayez de délimiter la totalité de l'architecture toujours avec différents niveaux de gris. »

06 ÉCLAIRAGES

Créez un nouveau calque. Prenez un pinceau rond et doux et faites un gros point blanc sur l'image. Puis faites Ctrl/Cmd+T pour le redimensionner et le placer là où c'est nécessaire. Pour ajouter une autre lumière, créez un nouveau calque. Placez les lumières sur les néons, mais aussi sur le sol et les colonnes. Baissez l'opacité des lumières de réflexion, qui doivent être moins fortes que celles des néons. Une fois que tout est en place, fusionnez les calques de lumières. Peignez également des ombres, en particulier derrière les colonnes, avec le pinceau de base.

07 ARÊTES ET TRANSITIONS

Il est temps d'affiner un peu les volumes et valeurs. Restez appuyé sur la touche Maj pendant que vous peignez pour tracer des traits droits. Vous pouvez aussi cliquer sur deux points distants en restant appuyé sur Maj, une ligne sera automatiquement tracée entre eux ; très utile pour délimiter des arêtes bien nettes (angles des piliers, bordure du quai, bandes sur les murs et au sol). À ce stade, le décor doit être relativement clair et les transitions de valeurs bien affinées.

08 PERSONNAGES

Maintenant que le décor est assez nettement mis en place, je peux dessiner des silhouettes très rapidement, sur un nouveau calque, pour définir l'emplacement des personnages principaux de ma scène. Le personnage principal et l'homme placé devant lui sont au premier plan et centrés dans l'image, tandis que les "figurants" sont répartis principalement sur la gauche et dans le fond. Cette étape me permet d'imaginer l'illustration dans son ensemble.

« Bien que le décor soit en grande partie gris, il faut ajouter quelques couleurs, notamment pour les marquages au sol. »

09 PEINDRE LE MÉTRO

Dans cette image, je voulais absolument représenter la rame de métro "en mouvement", c'est un effet intéressant et pas forcément facile à obtenir. Je commence par sélectionner le calque du métro et je fais Filtre> Atténuation> Flou directionnel. Ajustez la longueur et l'angle de l'effet par rapport à votre image, les traînées doivent s'orienter vers le fond de la voie et ne pas être trop longues.

10 LE MÉTRO, SUITE

Le flou directionnel à lui seul ne suffit pas à créer un effet bluffant. Avec du noir, peignez à nouveau la vitre avant, puis celles des côtés, ainsi que les délimitations des portes latérales, et appliquez un nouveau flou directionnel, mais plus faible que le premier. Ensuite, créez un nouveau calque et peignez-y des taches rouges et orange, avec un trait blanc au centre, et appliquez là encore un flou directionnel.

11 FINALISATION DU MÉTRO

Pour finir, peignez en gris foncé ou noir le toit et le dessous de la rame de métro, mais aussi la limite entre elle et le quai car le flou ne doit pas empiéter sur le décor. Avec du blanc, peignez des reflets grossiers sous les phares, au-dessus de la vitre avant et de chaque porte latérale. Enfin, dupliquez le calque des phares et faites Édition> Transformation> Déformation pour étirer la copie, puis baissez son opacité, ceci va rendre les traînées lumineuses plus crédibles.

12 LUMIÈRES COLORÉES ET REFLETS

Pour créer les éclairages colorés, il suffit de créer un nouveau calque et d'y faire un gros point (jaune ou rouge) comme pour créer les lumières blanches. Ensuite, passez le calque en mode Incrustation et recommencez pour toutes les lumières que vous souhaitez peindre (phares, néons et réflexions). Pour finir, fusionnez les calques de lumières.

13 MARQUAGES

Pour les panneaux qui vous font face, il suffit d'utiliser l'outil Texte. Pixellisez ensuite le texte et ajoutez-lui un léger Flou gaussien pour éviter qu'il ressorte trop de l'image (Filtre> Atténuation> Flou gaussien). Pour les marquages vus en perspective, dessinez le panneau de face sur un nouveau calque, puis faites Édition> Transformation> Perspective pour adapter le panneau à l'angle de vue.

14 COULEURS SUPPLÉMENTAIRES

Bien que le décor soit en grande partie gris, il faut ajouter quelques couleurs, notamment pour les marquages au sol. Créez un nouveau calque en mode Incrustation et peignez les bandes bleues et jaunes sur le sol ainsi que sur le mur de gauche. Si les couleurs sont trop "fluos", faites Image> Réglages> Teinte/Saturation pour baisser légèrement la saturation et modifier la teinte. N'oubliez pas de peindre du blanc sur le carrelage au sol et sur le mur de gauche !

15 DESSINER LE CARRELAGE

Pour dessiner les carreaux au sol, commencez par faire F5 et, dans le panneau Formes, décochez la case Autres variations pour pouvoir tracer des traits parfaitement opaques. Ensuite, sur un nouveau calque, tracez des traits partant de votre point de fuite en essayant de les répartir avec un espace régulier. Effacez les traits aux endroits où ils chevauchent les piliers. Enfin, baissez légèrement l'opacité du calque.

16 MASQUES DE FUSION

J'ajoute un masque de fusion sur le calque du carrelage ainsi que sur le calque des marquages au sol (Calque> Masque de fusion> Créer), il me suffira ensuite de peindre en noir sur le masque de fusion pour masquer certaines parties de l'image. Peignez en blanc pour faire réapparaître les parties masquées par inadvertance. Effacer les marquages par endroits permet de donner une impression d'usure ; en ce qui concerne le carrelage, effacez surtout les traits éloignés, car ce sont ceux que l'œil ne distingue pas.

17 LES TEXTURES

Pour peindre les textures (de la saleté principalement), j'utilise un autre pinceau, n'importe quel motif grunge fait l'affaire. Je crée un nouveau calque puis je fais Calque> Style de calque> Biseautage et estampage avec un ciselage marqué. Ensuite, il suffit de peindre les salissures avec le pinceau texturé, le style de calque leur donne de la profondeur.

18 FINALISER LE DÉCOR

Pour terminer, je peins en blanc sur un nouveau calque de forts reflets lumineux, en particulier sur les arêtes des piliers et sur la voie ferrée, devant le métro. Le blanc donne un aspect brillant et suggère assez simplement la matière métallique des poutres et de la voie. Avant de passer aux personnages, vous pouvez également créer un calque de réglage (Calque> Nouveau calque de réglage> Correction sélective) pour ajuster les différentes teintes du décor.

19 PERSONNAGES SECONDAIRES

Référez-vous au croquis de l'étape 8 pour déterminer le nombre de "figurants" de dos, de face, en mouvement ou immobiles, etc. Pour ces personnages secondaires, je vous conseille de prendre modèle sur des photos et de simplement recopier les personnages qui correspondent aux attitudes voulues. Créez-les sur un document à part, mais anticipez la répartition de la lumière de façon à ce qu'ils s'intègrent bien dans l'image finale (j'ai placé les éclairages en haut à droite de mes personnages, en accord avec le positionnement des néons).

20 INTÉGRATION DES PERSONNAGES

Copiez et collez les personnages dans l'image principale, faites jouer votre sens de l'observation pour leur donner la bonne taille par rapport aux poutres, au train et à la perspective. Faites Image> Réglages> Correction sélective pour ajuster les couleurs. N'hésitez pas à repeindre les personnages par endroits pour mieux les intégrer dans la luminosité de l'image. Pour gagner du temps, vous pouvez copier certains personnages et les coller au fond de l'image, en modifiant leur couleur pour que le doublon ne saute pas trop aux yeux.

21 PERSONNAGE FLOU

Le texte évoque un personnage devenant "une masse indistincte", j'ai décidé de traduire ceci très simplement, en dessinant une silhouette noire en position d'attente, et en y appliquant un flou directionnel (Filtre> Atténuation> Flou directionnel). Quand tous vos personnages secondaires sont en place, vous pouvez fusionner leurs calques (Ctrl/Cmd+E) et placer le calque obtenu sous l'éclairage, ce qui donne l'impression que la lumière ambiante se reflète sur eux.

22 PERSONNAGE PRINCIPAL 1/2

Le personnage principal devant évoquer la panique, la désorientation, il n'est pas dans une attitude "générique". De plus, il est au premier plan, plus visible que les autres, je décide donc de passer un peu plus de temps pour le peindre. Je commence par créer un nouveau document et je peins au mieux l'homme se tenant la tête dans les mains. Pour ajouter un peu de réalisme à l'image, je peins sa tête avec un marron foncé uni puis, avec un marron plus clair, je "gribouille" des traits fins pour représenter ses cheveux ébouriffés.

23 PERSONNAGE PRINCIPAL 2/2

Pour créer des effets de désorientation, je prends l'outil Lasso et détoure grossièrement des parties du personnage, au hasard. Je fais ensuite Améliorer le contour... et j'applique un contour progressif. Puis je copie et colle la sélection. J'applique ensuite un léger flou directionnel (Filtre> Atténuation> Flou directionnel). Pour terminer, je fais Filtre> Fluidité... pour déformer ces zones. En baissant un peu l'opacité, les motifs complexes donnent une impression de mouvement chaotique au personnage.

24 FINALISATION DES PERSONNAGES

Importez le personnage principal de la même manière que les autres. Créez un nouveau calque en mode Incrustation au-dessus des personnages et peignez en jaune, rouge ou orange pour les colorer en accord avec l'ambiance générale – les personnages de l'allée centrale doivent être plus "jaunes" que ceux de gauche car ils sont placés sous les néons.

25 LES OMBRES

Placez un nouveau calque à 30 % d'opacité sous le calque des personnages puis peignez des ombres portées au sol, en gris foncé. Il y a deux gros néons, par conséquent chaque personnage directement éclairé doit avoir au moins deux ombres avec des directions différentes.
Vous pouvez également peindre des ombres sur les personnages en plaçant un calque similaire au-dessus d'eux, en particulier pour les personnages de gauche qui sont moins exposés à la lumière.

26 DERNIERS RÉGLAGES

Prenez un peu de recul et corrigez tout ce qui ne vous plaît pas. Une fois que tout le travail de peinture vous convient, je vous conseille d'enregistrer, de faire Image> Dupliquer et d'aplatir la copie. Vous pourrez ensuite régler les niveaux (Image> Réglages> Niveaux) ou les couleurs (Image> Réglages> Teinte/Saturation et Image> Réglages> Correction sélective). Vous pouvez également ajouter un filtre photo (Calque> Créer un calque de réglage> Filtre photo) pour renforcer ou modifier l'ambiance générale de votre scène.

27 CONCLUSION ET CONSEILS

Outre les aspects techniques et les astuces, ce tutoriel est avant tout l'exposé d'une méthode personnelle ; de nombreux points sont donc discutables, voire perfectibles. Il n'existe pas de recette miracle pour créer les images dont vous rêvez, mais le meilleur conseil que je puisse vous donner est de piocher différentes approches auprès d'illustrateurs, de graphistes et dans des tutoriels, et de vous faire votre propre méthode.
Expérimentez et soyez curieux. Si vous avez des doutes sur l'exercice, n'hésitez pas à me poser vos questions (grobbmineur@hotmail.com).

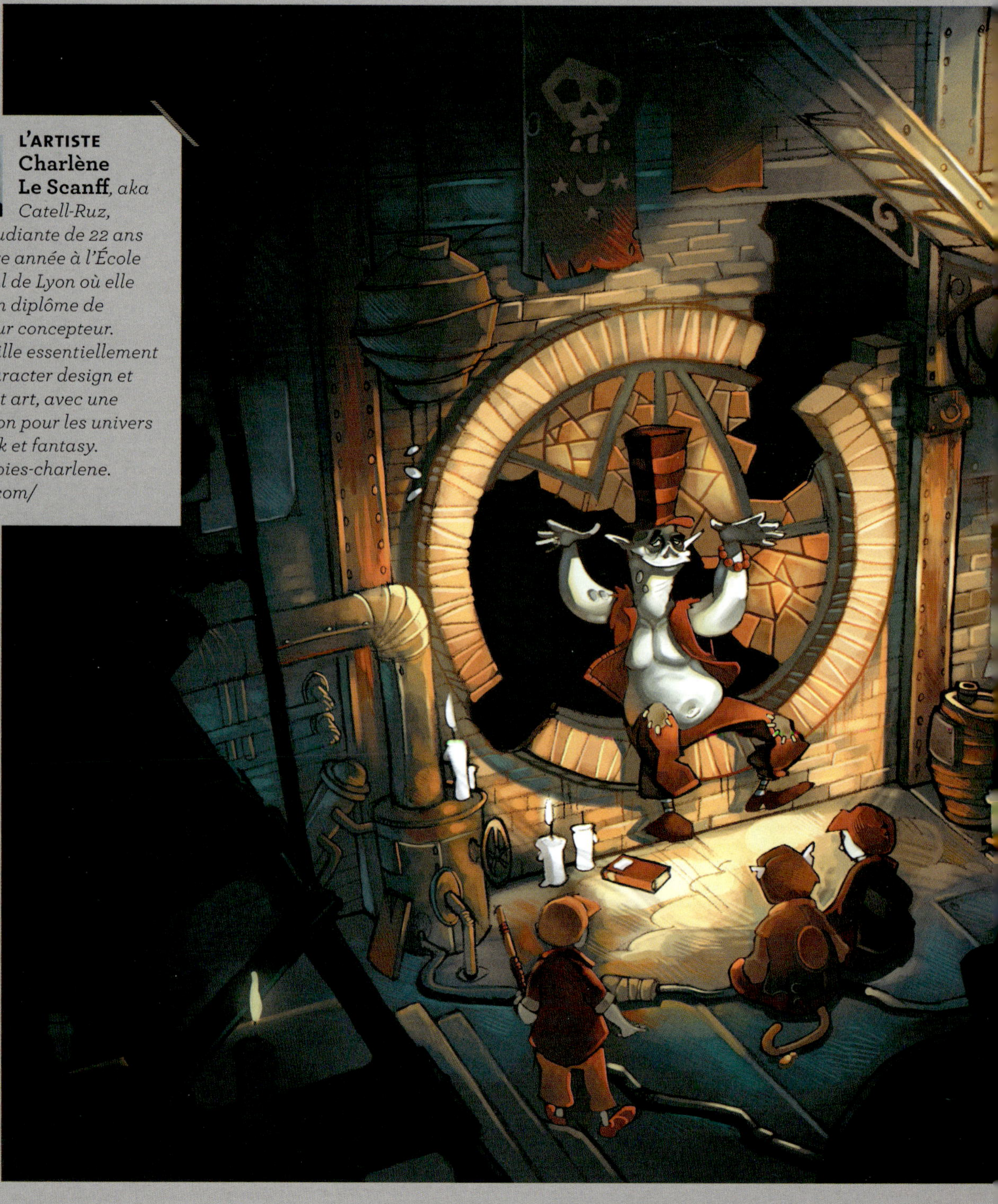

L'ARTISTE
Charlène Le Scanff, *aka Catell-Ruz, est une étudiante de 22 ans en dernière année à l'École Émile Cohl de Lyon où elle prépare un diplôme de dessinateur concepteur. Elle travaille essentiellement sur du character design et du concept art, avec une prédilection pour les univers steampunk et fantasy. http://utopies-charlene.blogspot.com/*

Nouveautés de la CS5

La version CS5 de Photoshop dispose de nouveaux types de pinceaux. Afin de rendre le travail des artistes encore plus naturel et plus proche d'un outil traditionnel, les pinceaux sont maintenant encore plus paramétrables : taille et nombre de poils, écartement entre les poils, etc. Un aperçu de votre pinceau est toujours présent près de votre document et il s'anime en fonction de vos mouvements.
Ajoutez à cela une forme qui vous permet de mélanger les couleurs déjà présentes dans l'image et Photoshop se rapproche doucement de Painter... Mais nous en sommes encore loin, Painter restant un outil de choix pour un aspect plus traditionnel.

AU CŒUR DE LA MAFIA

Développez une atmosphère autour d'un personnage.

Je vais tenter, grâce à ce tutoriel, de vous dévoiler quelques astuces afin de dessiner de A à Z un personnage sous Photoshop. Ce tutoriel aura aussi pour objectifs de vous apprendre à développer une atmosphère autour de ce personnage afin de lui donner une âme, de parler aux plus novices d'entre vous, et d'apporter certaines astuces plus pointues (pour les graphistes confirmés). Je souhaite remercier Advanced Creation. Me permettre de réaliser ce tutoriel fut une expérience très enrichissante. Et je finirai par cette onomatopée adressée à Manu et Kermheat : mâââââââââ !!!".

SUR LE CD : Vous trouverez sur le CD les textures qui ont servi à réaliser cette illustration.

NOTRE EXPERT
Genguiz Gökaltay

Genguiz est un jeune étudiant (école Brassart) de 22 ans originaire de Tours. Il partage sa vie entre sa passion pour le dessin (illustration numérique, tableaux, BD et croquis) et ses études de musique à Nancy (M.A.I.). http://www.myspace.com/genguiz

01 SE LANCER

Créez un nouveau fichier (Ctrl/Cmd+N) au format 21 x 29,7 cm en RVB à 300 dpi. La résolution est très importante car vous aurez beau réaliser la plus belle illustration, si la résolution est trop faible, elle sera inexploitable. J'utilise le calque de base qui apparaît lorsqu'on ouvre Photoshop (que je déverrouille en cliquant deux fois dessus puis en appuyant sur Entrée). Avec l'outil Pot de peinture, je remplis le fond d'un gris non coloré (seulement un mélange de noir et de blanc). Le code correspondant à cette couleur est #666666. Je sélectionne également une palette de trois ou quatre gris (allant du plus clair au plus foncé). Ces nuances vont m'aider à dessiner mon personnage par valeurs.

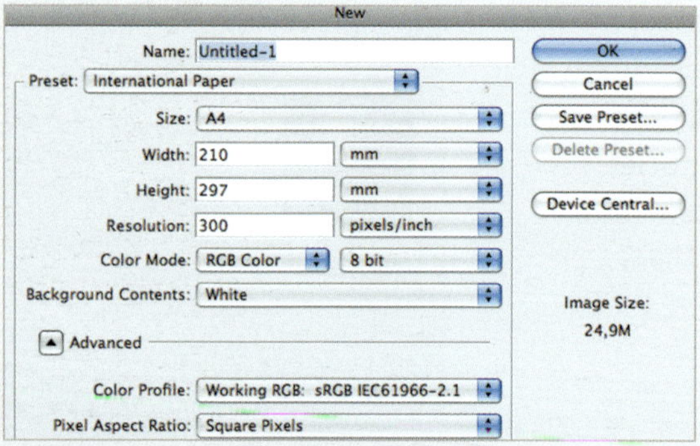

02 L'ESQUISSE

J'ai à l'esprit un homme fumant le cigare, assis dans un grand fauteuil. La position ne sera pas très dynamique, il est donc important d'accentuer l'attitude du personnage. Je commence par dessiner à l'aide des différents gris que j'ai sélectionnés. Comme une sculpture, je crée une masse dans laquelle je vais définir petit à petit les détails de mon personnage. L'outil que j'utilise est un pinceau Aérographe avec une Dureté d'environ 60 % (la taille variera en fonction du niveau de détails). Même avec la petite tablette Wacom Bamboo que j'utilise, on peut parfaitement jouer sur la sensibilité du pinceau (les ombres peuvent ainsi être très douces ou bien plus dures en fonction de la pression).

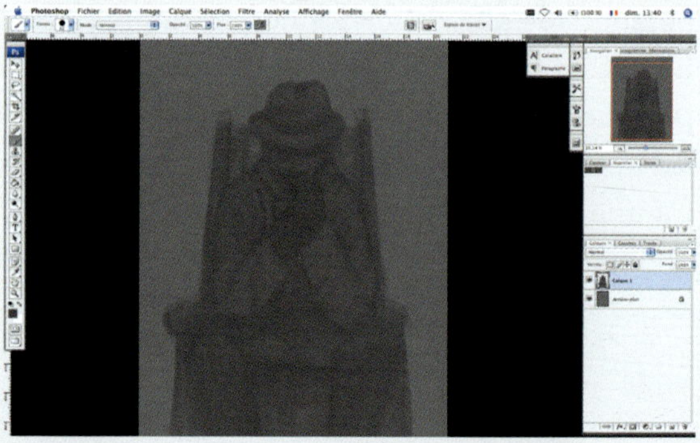

03 UN PEU PLUS DE DÉTAIL

J'ajoute une valeur un peu plus foncée à mon personnage afin d'apporter un peu plus de force au dessin. L'absence de couleur est normale, mais on peut choisir de dessiner à partir d'une palette de couleurs. Pour cette illustration, la couleur sera une touche finale qui me permettra alors d'insuffler au dessin une ambiance bien particulière. Pour que mes calques soient plus lisibles, je pense à les nommer. Par exemple, je peux utiliser "ombre1" lorsque j'apporte les valeurs sombres au personnage.

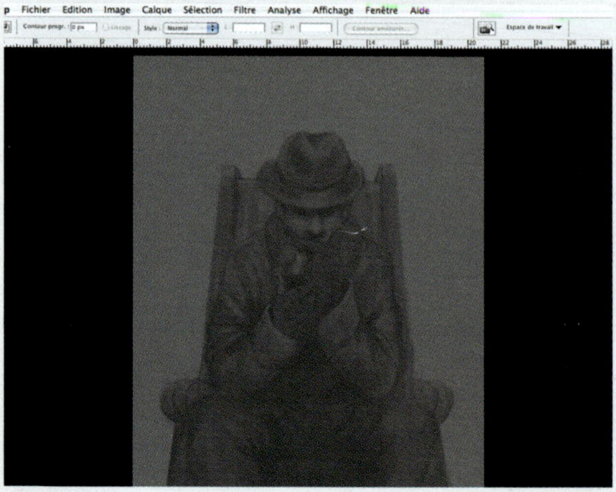

04 PLUS DE FORCE

J'apporte plus de force au dessin en augmentant le nombre de calques d'ombre et de lumière. Il faut jouer sur leur opacité afin d'apporter de la profondeur au personnage. Pour définir de manière plus nette mon dessin, je crée à la Plume toutes les ombres que je veux voir apparaître sur le siège, les vêtements… Je vais ensuite dans Tracés et je double-clique sur mon tracé afin de le sauvegarder. Je pourrai ainsi le réutiliser plus tard. Je le récupère en tant que sélection et je le remplis de noir avec une Opacité de 20 %.

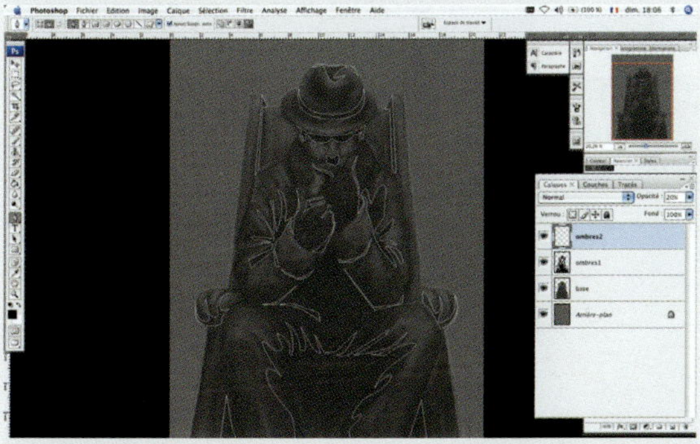

05 ACCENTUER LA PERSPECTIVE

La position du personnage est quelque peu statique. Afin de rendre le dessin plus intéressant, je sélectionne tous les calques à part le fond. Je vais ensuite dans Édition> Transformation> Torsion pour accentuer légèrement la perspective du personnage ainsi que celle du siège. Une fois que la position me convient, je valide en appuyant sur Entrée puis j'aplatis l'image.

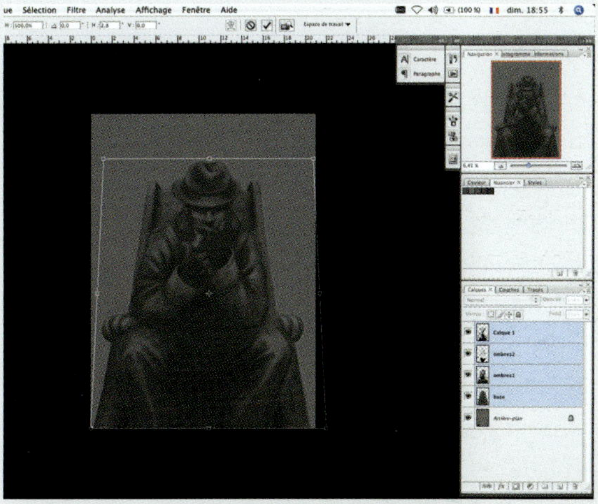

06 AFFINER

La perspective me semble correcte tout comme le dessin général. Il est temps d'entrer dans le dessin pur en apportant certaines subtilités à notre gangster. Ce qui fait qu'un dessin sonne juste, c'est (entre autres) l'ombre et la lumière qui feront que le spectateur plongera ou pas dans votre illustration. Il faut en avoir conscience, surtout arrivé à notre étape du dessin. Je vais donc définir plus précisément les mains, le visage, le briquet, les boutons de manchettes, etc. sans oublier que j'ai deux sources de lumière. Une provenant plus ou moins du dessus du personnage, et celle, primordiale, du cigare de notre gangster.

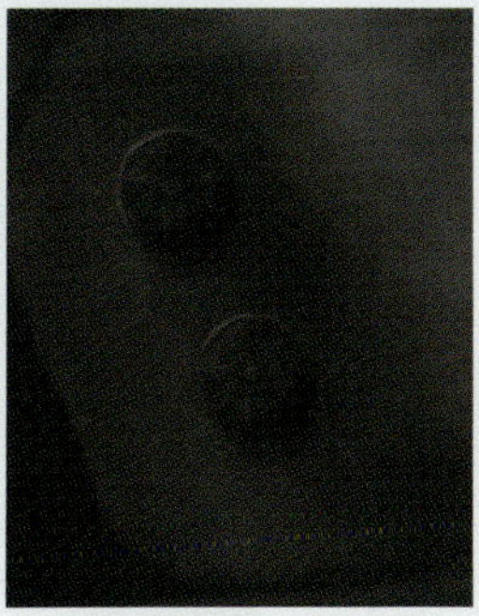

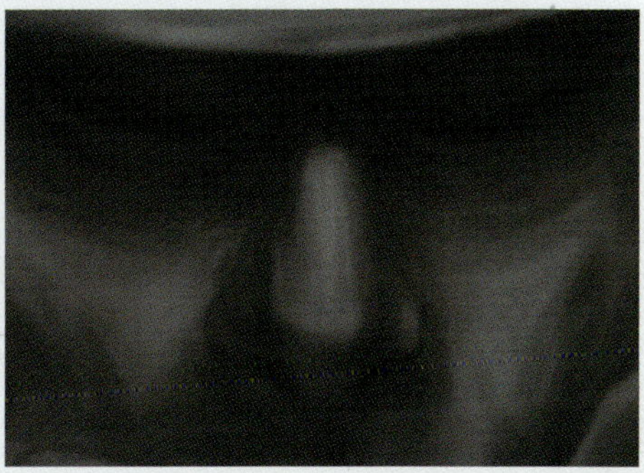

07 UN PEU DE RÉALISME

J'enrobe mon personnage d'une fumée qui apporte un aspect un peu fantastique à l'illustration. Le résultat est obtenu grâce à des formes de pinceaux disponibles en téléchargement gratuit. Je vais maintenant incruster dans mon illustration des textures qui la rendront plus réaliste. Sans pousser jusqu'à l'hyperréalisme (ce qui est tout à fait possible), vous allez vous rendre compte à quel point cette étape est importante. Tout d'abord, je prends toutes les images dont j'ai besoin (certaines proviennent du magazine Advanced Creation ou encore du site http://interfacelift.com/wallpaper_beta/downloads/date/any/). Je vais ensuite dans Image> Mode> Niveaux de gris afin de les passer en noir et blanc (patience, la couleur ne va pas tarder). Grâce au mode Incrustation, la texture se fond dans l'illustration. Comme ce mode accentue les ombres et les lumières, je baisse son Opacité à environ 20 %. N'hésitez jamais à prendre en photo n'importe quel type de texture. Créez-vous une banque d'images. Vous vous en servirez un jour ou un autre (et vous échapperez ainsi aux problèmes de droits d'auteur attachés aux images prises sur le Net).

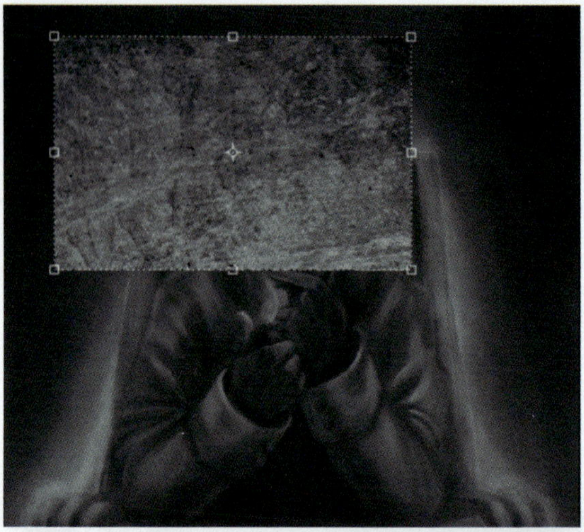

08 MAÎTRISER LA MATIÈRE

L'outil Torsion que nous avons utilisé précédemment va nous servir de nouveau. Nous prenons une texture de bois que nous mettons dans la perspective du siège. En utilisant le mode Incrustation (comme expliqué plus haut), nous insérons la texture du bois dans le siège. J'ai souvent l'habitude de gommer directement la texture afin qu'elle n'apparaisse que sur le siège. J'utilise ensuite des textures de brique, de mur, et même une lettre avec des écritures qui apparaîtront subtilement à travers le dessin.

09 ENCORE FALLAIT-IL Y PENSER

Il est souvent difficile de trouver les textures appropriées à tout (il faudrait avoir une banque d'images gigantesque). Comment faire pour apporter un peu de réalisme au blouson de notre gangster ? Prenez une image de gazon et, avec le même procédé que pour le bois du siège, incrustez-la au personnage. Vous obtenez ainsi un côté molletonné. Nous avons maintenant des textures intéressantes intégrées à notre illustration.

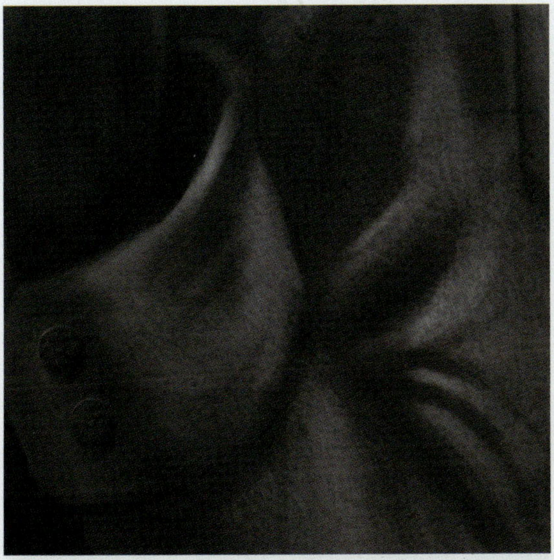

10 ET LA COULEUR FUT

Nous y voilà, enfin. Un peu de couleur dans ce monde de brutes ! Nous allons utiliser le mode Couleur ainsi que le mode Incrustation afin de coloriser notre illustration. Pourquoi ne pas avoir monté les valeurs de gris du blanc jusqu'au noir ? Parce que le mode Incrustation va s'en charger pour nous. Il contraste naturellement les valeurs sur lesquelles il est superposé. J'aplatis mon illustration. Je crée deux nouveaux calques, un en mode Couleur, l'autre en mode Incrustation. Sur l'image ci-jointe, la teinte marron provient du calque couleur et la lumière orangée est due au cigare du calque Incrustation. Seul le calque Incrustation a vu son opacité baisser à 19 % (mais comme vous pouvez le constater, la couleur est tout de même très vive).

11 LE CÔTÉ OBSCUR

Voici deux solutions que j'utilise afin d'assombrir de nouveau l'illustration. Le premier calque me sert à ajouter une ombre en récupérant le tracé de l'ombre que j'ai sauvegardé (allez dans le panneau Tracés, normalement il vous attend). Jouez une nouvelle fois sur l'Opacité de votre calque (entre 20 et 30 %). Ensuite, créez un calque et remplissez-le de noir avec l'outil Pot de peinture. Je le passe en mode Lumière tamisée (qui est un bon compromis si l'on veut éviter la dureté des contrastes du mode Incrustation). Je gomme seulement une partie de l'ombre au-dessus de notre mafieux afin de simuler un rayon de lumière.

Concordance

Lorsque vous vous lancez dans une peinture, vous devez réfléchir à son schéma de couleurs. Ici, l'ensemble des couleurs sont dans les mêmes tons, mais vous pouvez aussi utiliser des schémas complémentaires ou adjacents.

« À vous de tester jusqu'où Photoshop vous emmène. »

12 C'EST BIENTÔT FINI

Après avoir de nouveau aplati mon illustration, je crée un nouveau calque en mode Incrustation dont l'Opacité est abaissée à 30 %. Je repasse certains détails qui apporteront la profondeur que requiert le dessin. Vous pouvez aller plus loin mais, pour ma part, je décide d'arrêter là. À vous de tester jusqu'où Photoshop vous emmène. Certains d'entre vous s'en serviront pour le rough, d'autres pour des illustrations plus léchées. Exploitez ce logiciel comme vous l'entendez. Il recèle des possibilités infinies que je n'ai fait qu'effleurer.

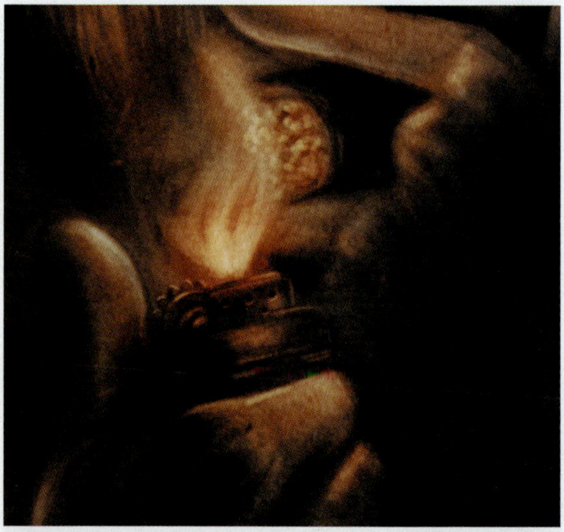

13 UN PEU DE POUSSIÈRE

J'ajoute sur un calque plein de petits grains de poussière et de saleté. Ces derniers petits détails ont une grande importance. Ils apportent un certain cachet à l'illustration, mais aident aussi à faire vivre votre dessin. Pensez toujours que l'ambiance qui se dégage de votre illustration est primordiale ! Les proportions et la couleur, c'est une chose. Mais à chaque dessin que l'on réalise, on crée un monde différent. Donnez envie au spectateur d'y plonger.

14 FAIRE BOUGER LES CHOSES

Afin d'apporter un dernier mouvement à l'illustration, faites pivoter le tout vers la gauche de quelques degrés.

« Les petits détails apportent du cachet à votre illustration. »

15 LE FOND

Prenez l'outil Pipette et sélectionnez un marron foncé dans le dessin. Remplissez un nouveau calque (en arrière-plan) avec cette couleur. Fouillez, expérimentez, cherchez votre propre chemin artistique et sachez garder ce qui fait de vous un graphiste unique.

GOD BLESS US

L'ARTISTE
Genguiz Gökaltay
est un jeune étudiant (école Brassart) de 22 ans originaire de Tours. Il partage sa vie entre sa passion pour le dessin (illustration numérique, tableaux, BD et croquis) et ses études de musique à Nancy (M.A.I.). http://www.myspace.com/genguiz

Panneau Formes

En anglais, les formes sont appelées "brushes". Si vous souhaitez élargir votre collection de formes, faites un tour sur votre moteur de recherche préféré et tapez "Photoshop brush". Vous tomberez sur des dizaines de sites proposant des formes gratuites créées par d'autres utilisateurs qui les partagent volontiers.

Parmi ces sites, nous vous conseillons :
- la section Ressources de deviantART ;
- http://www.brusheezy.com ;
- http://myphotoshopbrushes.com ;
- http://www.psbrushes.net ;
- http://www.photoshopbrushes.com.

Et bien sûr le blog www.advancedcreation.fr qui recense régulièrement des nouveautés en la matière.

LUMIÈRE ARTIFICIELLE

Peindre une scène avec une forme de base sur Photoshop.

Peindre avec Photoshop est une vraie solution de rapidité. Il est possible de faire du speed painting et d'atteindre des records de temps impressionnants, mais aussi de passer huit heures sur une image et obtenir un rendu d'une grande précision sans se soucier du temps de séchage, de l'épaisseur des couches ou autres contraintes.
Nos images sont techniquement, indéfiniment "retravaillables". Dans ce tutoriel, vous allez créer une image en deux grandes étapes. D'abord, vous établirez une composition viable sans vous soucier du reste. Puis vous peindrez en détail le contenu de votre image. Ici n'est expliquée qu'une méthode sur une infinité encore à trouver pour utiliser Photoshop comme logiciel de peinture. Les notions de dessin telles que la perspective ne sont pas expliquées, il faut un minimum de connaissances et de pratique du dessin pour réaliser ce tutoriel.

01 POUR COMMENCER

Créez un nouveau document (Fichier> Nouveau) d'environ 3000 pixels de large et 8500 de haut à 300 dpi avec un fond uni de couleur sombre, sans aller jusqu'au noir. Ensuite, sélectionnez une forme ronde avec l'option de Variation d'opacité en fonction de la pression exercée sur le stylet.

02 SUGGÉRER L'ESPACE

Sur ce fond uni, prédéfinissez votre espace avec des plans simples, dans une perspective simple. Évitez d'éclaircir la couleur de fond, variez et prenez plutôt de nouvelles teintes, votre image sera plus vivante. L'œil perçoit la moindre teinte, il ne se lassera donc pas dans des plages de couleurs monochromes.

03 L'AMBIANCE LUMINEUSE

Placez votre source lumineuse puis, toujours en faisant varier légèrement la couleur, éclaircissez progressivement les zones exposées à la lumière. Faites-le vite, ne pensez pas au rendu, il faut se concentrer sur l'aspect général de l'image (la composition) et la diffusion de la lumière.

NOTRE EXPERT
Louis Le Kim
Louis est un jeune artiste passionné, attiré aussi bien par le traditionnel que par le numérique avec des logiciels comme Photoshop, mais aussi Painter et Artrage. http://llkonart.blogspot.com/

«N'oubliez pas de définir la perspective pour rester dans une image plausible.»

04 AJOUTER DES ÉLÉMENTS

Choisissez des éléments à mettre en scène, ajoutez peut-être des passerelles, des escaliers, etc., des choses qui illustrent la circulation d'entités dans votre espace. Ne pensez toujours pas au rendu, placez des masses en pensant à la composition et, bien sûr, en restant dans la perspective.

05 AFFINER LES SURFACES

Une fois votre composition établie, votre image est prête à être travaillée. Peignez par-dessus votre image actuelle, utilisez l'outil Pipette fréquemment pour reprendre vos teintes. Partez des valeurs les plus sombres pour aller vers les plus claires. En éclaircissant, vous éviterez l'aspect transparent qu'on obtient facilement sur Photoshop et ainsi vos surfaces auront plus de matière.
En travaillant vos valeurs, n'oubliez pas de bien définir la perspective pour rester dans une image plausible, travaillez donc les surfaces principales de la structure dans laquelle se situe la scène !

06 AFFINER LES ÉLÉMENTS

Maintenant que les surfaces sont définies et que les valeurs sont posées, vous pouvez vous concentrer sur des petits détails comme des câbles électriques ou autres interrupteurs.
Donc, avec le même procédé d'éclaircissement, précisez le reste de la scène. Ne vous occupez pas de la source lumineuse, c'est une des dernières choses à travailler.

07 LÉCHER SA PALETTE

Tout est en place, il n'y a plus qu'à réduire encore la taille de votre forme et à recommencer le même procédé d'éclaircissement sur toute votre image pour continuer à la préciser. Votre image semble un peu morte, c'est normal, le traitement est presque invisible.

08 TEXTURE ÉTAPE 1/2

Nous arrivons à la phase que je considère comme la plus difficile, peindre la texture. Prenez une forme assez fine et, en utilisant la Pipette, prélevez les couleurs les plus sombres. Faites des marques, des points, des traits assez légers. Procédez de même avec la couleur la plus claire.

09 TEXTURE ÉTAPE 2/2

Agrandissez un peu votre forme et faites des marques sombres à la verticale des surfaces de façon irrégulière. Ensuite, avec votre Pipette et une petite forme, prélevez et peignez par-dessus ces marques en suivant le mouvement vertical par petites touches ; vous éclaircissez ces traces sombres avec les couleurs environnantes en utilisant au maximum la Pipette sans les recouvrir totalement. Essayez aussi de rehausser des zones avec des couleurs un peu plus saturées.

10 LA SOURCE LUMINEUSE

Avec la même forme, faites un halo autour du néon. Utilisez-le à une faible opacité en tournant autour de la source. Puis, avec une forme fine, reprenez les couleurs du dégradé créé et utilisez le même procédé d'éclaircissement que depuis le début. Puis peignez les autres pièces en gardant en tête la perspective. Ajoutez éventuellement de la vie au lieu.

11 FIGNOLAGE, CORRECTIONS

Profitez-en pour faire quelques dernières corrections. Ici, Photoshop est un immense avantage : les couleurs ne me plaisaient pas, alors j'ai désaturé (Image> Réglages> Teinte/Saturation), changé la courbe (Image> Réglages> Courbes) puis remonté l'interrupteur que je trouvais trop bas.

L'ARTISTE
Morgan Villette

Morgan est un jeune artiste de 26 ans vivant en banlieue parisienne. Il crée des personnages et aime leur donner vie. Membre du collectif "The French Flavor", il touche autant à la direction artistique des projets multimédias qu'à la réalisation de vidéos 2D et 3D. http://www.morganvillette.com

Installer des formes de pinceaux

Une fois que vous avez téléchargé de nouvelles formes, il reste à les installer. Avant de commencer, nous vous conseillons de les placer dans le dossier d'installation de Photoshop (Adobe\Adobe Photoshop CS4\Presets\Brushes). Ensuite, rien de plus simple. Vous pouvez passer simplement par le panneau Formes et, dans le menu contextuel du panneau, choisir Charger des formes. Naviguez jusqu'au dossier où se trouve le fichier téléchargé et cliquez sur le bouton Charger. Vos nouvelles formes s'ajoutent alors parmi les formes prédéfinies.

Si vous avez de nombreuses formes et que votre panneau devient trop riche, faites Édition> Gestion des paramètres prédéfinis. Dans le menu Type, choisissez Formes. Ici, vous pouvez sélectionner les formes avec la touche Ctrl/Cmd pour en prendre plusieurs ou avec Maj si elles sont côte à côte. De là, vous pouvez les supprimer ou les enregistrer dans un groupe. Cela vous permet de les gérer plus facilement.

PAYSAGE COLORÉ

Comment réaliser un paysage avec cinq formes de pinceaux dans Photoshop ?

Dans ce tutoriel, nous allons réaliser une illustration qui pourrait servir de référence dans la préparation d'un jeu du style MMORPG 2D (ambiance, décors...). Cette illustration sera destinée à l'impression. Rassurez-vous, il vous sera possible de la convertir en mode RVB pour en faire un sympathique fond d'écran ! Pour cela, nous allons travailler avec cinq pinceaux "basiques" et voir que les outils de Photoshop permettent parfois de remplacer certaines formes de pinceaux. Ici, la difficulté sera de donner un graphisme simpliste à l'image avec des formes de base tout en jonglant avec une multitude de calques destinés à apporter le plus de détails possible.

SUR LE CD : Vous trouverez sur le CD les formes de pinceaux pour le tutoriel.

NOTRE EXPERT
Matthieu Rebuffat

Matthieu Rebuffat est un jeune graphiste/illustrateur de 25 ans vivant à Nîmes. Passionné par le dessin et la peinture numérique, il travaille actuellement comme designer graphiste chez Aquafadas, société qui crée des logiciels pour Apple et numérise des bandes dessinées pour iPhone, mobile, etc. Vous pouvez retrouver la plupart de ses travaux sur son site www.art-of-kiko.fr

01 C'EST PARTI !

Créez un document au format 26 x 12 cm à 450 dpi. Remplissez-le d'un calque de remplissage Dégradé du bleu clair (C:33, M:6, J:0, N:0) vers un rose presque blanc (C:0, M:13, J:20, N:0).

02 CRÉATION DES CONTOURS

Afin de nous faciliter le travail, nous allons procéder par calque (premier plan, maison, arbre, petite maison, etc.). Créez le calque "premier plan". À l'aide de l'outil Lasso, tracez le contour de la zone au premier plan. Coloriez la zone à l'aide de la forme de pinceau ronde dure avec une couleur verte assez vive (C:25, M:3, J:100, N:35)

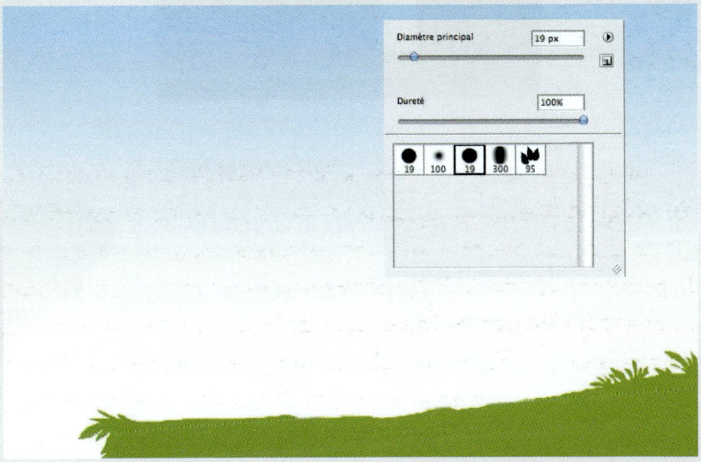

03 AINSI DE SUITE

Faites de même avec les autres calques, en veillant bien à éclaircir les couleurs au fur et à mesure que les plans s'éloignent afin de simuler la profondeur de champ. Vous pouvez choisir des couleurs plus claires manuellement ou utiliser l'outil Densité -. Vous devriez obtenir ceci.

04 CRÉER LES MAISONS...

Positionnez-vous sur le calque "maison". À l'aide de l'outil Lasso polygonal (Maj+L deux fois) dessinez les contours du bâtiment. Remplissez la zone de gris puis reprenez le Lasso pour faire apparaître les façades, en peignant votre sélection d'une couleur plus claire. Notez que la maison, le point focal de cette création, est à un tiers à gauche du cadre. La composition de l'illustration s'appuiera sur cette règle des tiers, bien connue dans le monde de l'image.

« Peignez les feuilles avec la forme spécialement conçue. »

05 ... ET LA VERDURE !

Placez-vous maintenant sur le calque de l'arbre. Dessinez le tronc à l'aide de la forme de pinceau ronde et dure avec un marron foncé. Peignez les feuilles avec la forme spécialement conçue. Pensez à bien dessiner l'herbe avec le Lasso ! Placez-vous ensuite sur le calque "petite maison" et dessinez-la avec la même technique qu'à l'étape 4. Ajoutez enfin, avec la forme en biseau, la chute d'eau sur le calque de la cascade avec une couleur bleu clair.

06 DÉTAILS

Les détails sont importants dans ce type d'illustration car ils permettent de "crédibiliser" votre univers. Créez un calque "détail maison" au-dessus du calque "maison". Peignez la façade avec des couleurs claires en faisant attention à la provenance de la lumière (ombre sur la façade). Pour représenter les fenêtres et la porte, utilisez le Lasso polygonal pour avoir des traits nets, de même pour le toit. À ce stade, vous devriez avoir ceci.

07 TOITURE

Voici un des moments les plus techniques de cette illustration. Pour créer le toit de la maison, nous allons nous aider du copier/coller. Créez un nouveau calque intitulé "tuiles". Dessinez la tuile en anticipant la courbure du toit. Une fois terminé, dupliquez-la sur la longueur jusqu'à la fin du toit. Fusionnez tous les calques qui ont été copiés avec le premier. Vos tuiles sont parfaitement alignées les unes par rapport aux autres et ne respectent pas la perspective du toit. Sélectionnez-les et modifiez leur orientation (Transformation manuelle et Torsion). Vous avez votre première rangée de tuiles.

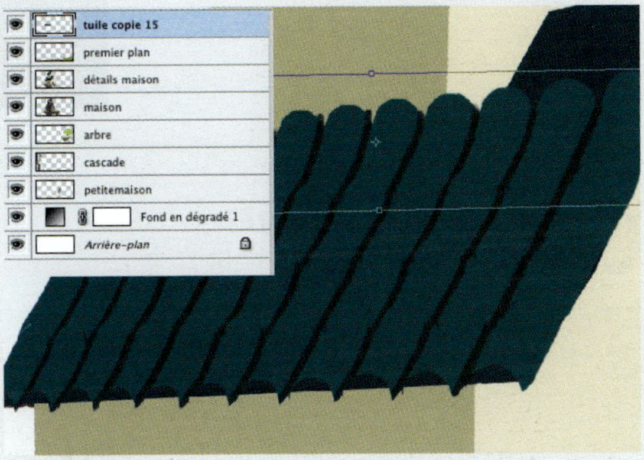

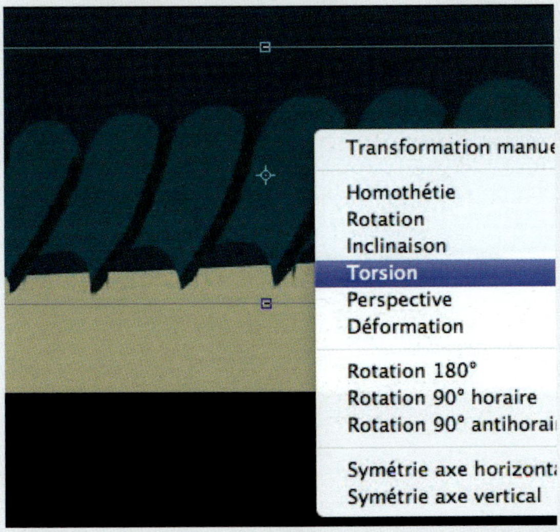

08 LA SUITE DES TUILES

Dupliquez-les jusqu'à recouvrir le toit en réajustant certaines lignes au besoin à l'aide de la Transformation manuelle. Fusionnez les copies en un seul calque et mettez-le en mode de fusion Produit. La façade de la maison apparaît ainsi sous votre toiture, et vous pouvez gommer la zone qui cache le mur. Remettez le calque en mode Normal et ajoutez les tuiles faîtières à la main. Lorsque vos tuiles sont placées sur la partie supérieure du toit de la maison, sélectionnez-les puis copiez-les dans un nouveau calque verrouillé, qui servira plus tard. Ajoutez pour finir les poutres en bois et renommez le tout "toit".

Trouver son style

Matthieu Rebuffat réalise des illustrations de ce genre pour des besoins bien précis. Le style est très enfantin et correspond parfaitement à celui des livres pour enfants par exemple. Jetez un œil à son portfolio et vous verrez qu'il sait également s'orienter vers des styles bien plus adultes et plus sombres selon ses clients. Même si un artiste a en général un style qui permet de reconnaître ses œuvres parmi d'autres, il est important aussi de savoir se diversifier lorsqu'on travaille pour des clients et pas uniquement pour son plaisir ou pour exposer.

09 HABILLER L'ARBRE

De même que pour la calque "détails maison", créez le calque "détails arbres" au-dessus de celui nommé "arbre". Ajoutez de petites branches sur l'arbre à l'aide de la forme ronde et dure. Prenez ensuite la forme ronde et douce pour dessiner l'écorce de l'arbre.

10 ARRIÈRE-PLAN

Répétez l'étape 9 pour la petite maison au fond et la cascade. Pour le toit de la petite maison, récupérez celui que vous avez copié à l'étape 8. Ajustez-le puis peignez la façade en ajoutant les fenêtres. Ajoutez des herbes sur la cascade au niveau de la chute d'eau. Une fois vos calques de détails terminés, fusionnez-les avec leur calque d'origine pour faire le ménage. Créez un calque que vous placerez au-dessus du calque Dégradé et créez des montagnes pour renforcer la profondeur de champ. À ce stade, vous pouvez aplatir votre image.

11 OMBRE

Comme pour les calques de détails, créez au-dessus d'eux des calques d'ombre pour chaque élément (maison, arbres, etc.) en mode Produit. Sélectionnez le calque inférieur (Ctrl/Cmd+clic) puis revenez sur le calque "ombre" et peignez les zones qui ne seront pas dans la lumière avec la forme ronde dure, Opacité à 30 % et un violet foncé (C:66, M:98, J:21, N:85).

12 BRUME

Idem qu'à l'étape 11. Créez vos calques de brume au-dessus des calques d'ombre, puis peignez avec la forme ronde et floue avec une Taille d'au moins 150. Afin de renforcer une nouvelle fois la profondeur de l'image, ajoutez un calque au-dessus de l'arrière-plan et dessinez sans détailler au maximum quelques rochers supplémentaires, avec des couleurs claires pour respecter l'illusion de la distance. Cachez-les avec un peu de brume.

13 PONTS ET PERSONNAGES

Créez le calque "pont" au-dessus de tous les autres. Nous allons créer des ponts suspendus en bois. Même méthode que pour les maisons, dessinez les ponts avec le Lasso polygonal puis peignez-les en marron foncé. Faites la même chose pour les personnages (au-dessus du calque "pont"). Une fois les calques ombre, brume, pont et personnages terminés, aplatissez encore une fois votre image.

14 ENCORE PLUS DE DÉTAILS !

Il est temps de détailler comme il se doit notre illustration. Nommez un nouveau calque "détails" qui va servir à garnir l'image de détails en tout genre. N'hésitez surtout pas à zoomer au maximum sur les parties à détailler comme les fenêtres, les tuiles, etc. Maintenant que votre image est aplatie, vous allez pouvoir gérer les ombres en mode Normal, en utilisant l'outil Pipette sur les zones d'ombre à reproduire. En clair, plus besoin de calques en mode Produit ! Commencez par détailler le bois des fenêtres, les habits des personnages, les objets, etc.

15 PLUS DE LUMIÈRE

Donnez encore plus de relief à l'image en ajoutant des zones éclairées, comme le reflet du soleil sur les tuiles, les rayures du bois sur la porte de la maison, etc. Créez d'abord un calque nommé "Lumière" en Densité linéaire - (ajout). Peignez la partie droite du ciel avec la forme ronde et floue et un gros diamètre de la même couleur que le ciel. Pour ajouter la lumière sur le décor, utilisez l'outil Densité + ou la Pipette sur votre couleur de base avant de l'éclaircir manuellement dans la palette des couleurs. Cela devrait vous donner quelque chose de ce genre.

16 DERNIERS AJOUTS

Nous allons créer une petite enseigne pour la grande maison afin que le lecteur comprenne qu'il ne s'agit pas d'une simple habitation. Créez un rectangle à l'aide du Lasso polygonal au-dessus de la porte, respectant bien la perspective. Arrondissez les bords de votre sélection dans le menu Sélection, modifiez puis lissez à 10 pixels. Remplissez la zone de marron foncé. Avec l'outil Texte, donnez un titre à votre enseigne. Pixellisez le texte puis incrustez-le sur l'enseigne. Ajoutez quelques petits détails (rayures, dessins) pour donner plus de vie à l'ensemble.

Nuancier

Vous pouvez définir vos palettes à l'œil en choisissant vous-même vos couleurs et en les ajoutant au nuancier, mais vous pouvez aussi vous inspirer d'une photo ou d'une création existante puis échantillonner les couleurs à la Pipette.

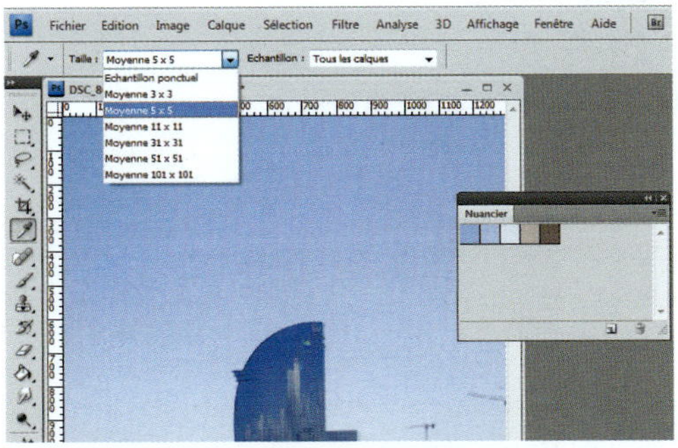

17 FINALISATION

Arrivé à ce stade, le dessin n'est plus qu'une question d'imagination et de détails à ajouter. J'ai pensé à ajouter un peu de salissures sur la façade de la maison, une mouette sur la poutre et une pancarte sur la porte indiquant que le magasin, ou l'auberge, est fermé. Tous ces visuels permettent aux game designers de mieux anticiper les détails qui pourraient apparaître dans leur jeu.

« Vous pouvez aller plus loin en incrustant une texture, ajouter encore plus de détails, etc. »

18 DERNIERS RÉGLAGES

Nous allons procéder à deux derniers réglages que j'utilise assez souvent dans mes créations. Aplatissez d'abord votre image, puis dupliquez-la. Allez dans Filtre> Divers> Passe-haut puis réglez à 1,5 pixels. Cliquez sur OK puis passez le calque en Lumière tamisée. Cela va booster votre image en netteté. Enfin, réajustez le contraste de l'ensemble grâce aux réglages dans Image> Réglages> Niveaux. Bravo, vous avez terminé votre illustration ! Vous pouvez aller plus loin en incrustant une texture, ajouter encore plus de détails, etc.

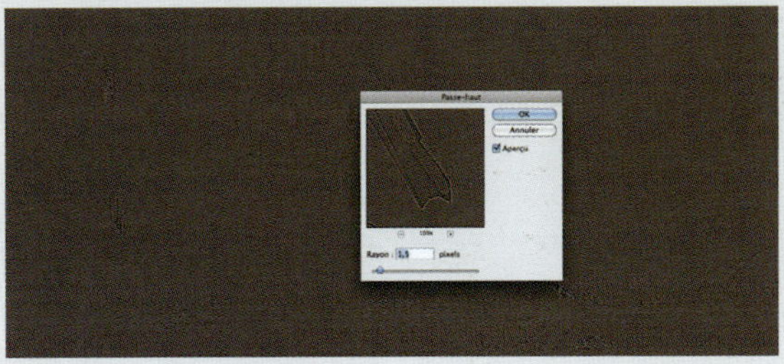

L'ARTISTE
Matthieu Rebuffat
est un jeune graphiste/illustrateur de 25 ans vivant à Nîmes. Passionné par le dessin et la peinture numérique, il travaille actuellement pour une société de jeux vidéo sur Internet en tant que concept artist (décors et personnages). Vous pouvez retrouver la plupart de ses travaux sur son site www.art-of-kiko.fr

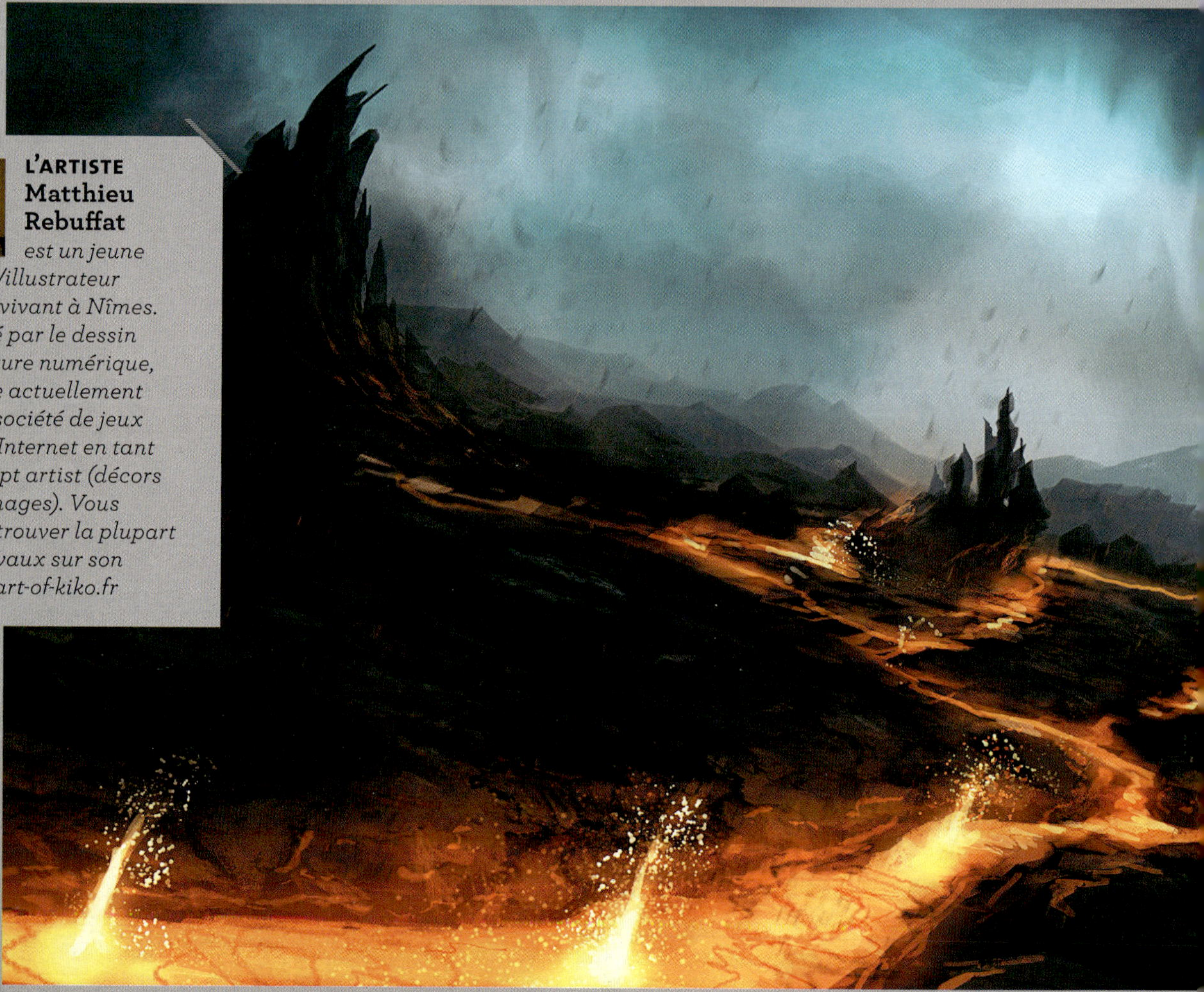

Sélecteur de couleur

Il existe de nombreux chemins vers la couleur dans Photoshop. Premiers éléments essentiels souvent utilisés dans ce manuel : les couleurs de premier plan et d'arrière-plan. En bas de la barre d'outils située à gauche de l'écran se trouvent deux icônes de couleur, noir et blanc par défaut. En cliquant sur la première (couleur de premier plan), vous ouvrez le Sélecteur de couleur. Il vous permet de choisir une couleur de plusieurs manière : RVB, TSL, CMJN, Lab et hexadécimale, mais également dans un nuancier Pantone. Une fois votre couleur choisie, validez. Cliquer sur la seconde icône ouvrira le Sélecteur pour choisir la couleur d'arrière-plan. Vous pouvez donc définir deux couleurs distinctes. C'est la couleur de premier plan qu'utilisera par exemple votre pinceau. La touche X permet d'intervertir les deux couleurs, pratique pour passer d'une couleur à une autre lorsqu'on dessine.
Ces deux couleurs sont utilisées aussi lors de la création de divers effets : les dégradés par exemple (premier plan vers arrière-plan, etc.) ou encore le filtre Nuages.

NOUVEAUTÉ CS5
La dernière version de Photoshop permet de personnaliser un raccourci pour afficher le Sélecteur de couleur dans Édition> Raccourcis clavier> Outils.

INTERGALACTIC GAMES
THE HUMANS
MYTH OR REALITY?
Historical reports of Human visits
Documents and investigations

HUMAN MYTH

Créez une illustration détaillée en partant d'un croquis rapide.

Transformer un simple croquis en une illustration réaliste n'a rien de sorcier. Morgan Villette est un inconditionnel de Photoshop. Il vous dévoile ici les méthodes qu'il utilise dans ses créations.

Vous commencerez par réaliser rapidement un croquis qui servira de base à votre composition. Dans un second temps, vous l'importerez dans Photoshop afin de poser la couleur et mettre en avant les ombres et lumières qui donneront du volume à votre illustration.

Ce tutoriel est accessible à tous, mais une certaine maîtrise du dessin est préférable, et la tablette graphique plus que recommandée. Le but est de vous montrer comment donner, petit à petit, du réalisme à un croquis. Au fur et à mesure, votre création prendra forme et vous pourrez alors soigner les détails qui la rendront réaliste.

À vous de jouer !

SUR LE CD : Vous trouverez sur le CD le croquis au format JPEG en haute résolution, pour un usage personnel.

NOTRE EXPERT
Morgan Villette
Morgan est un jeune artiste de 26 ans vivant en banlieue parisienne. Il crée des personnages et aime leur donner vie. Membre du collectif "The French Flavor", il touche autant à la direction artistique des projets multimédias qu'à la réalisation de vidéos 2D et 3D. http://www.morganvillette.com

01 POUR COMMENCER

Personnellement, je suis plus à l'aise en commençant mon croquis sur papier A4. Une fois terminé, je le scanne en résolution 300 dpi et l'exporte en JPEG. Si vous n'avez pas de scanner, vous pouvez réaliser votre dessin directement à la tablette graphique. Lorsque votre croquis est terminé, ouvrez Photoshop et créez un nouveau document : Fichier> Nouveau> Document A4 résolution 300 dpi RVB. Importez ensuite votre croquis : Fichier> Importer. Il est maintenant sur un calque et devra constamment rester en tête de liste. Changez son mode de fusion de Normal à Produit. Ainsi, tous les calques se trouvant en dessous seront apparents dans les zones claires du croquis.

02 ISOLER LES FORMES

Ma technique consiste à isoler les principales formes qui constituent le dessin. Pour cela, créez un nouveau calque et, à l'aide de l'outil Pinceau, remplissez précisément le visage d'une couleur unie. Répétez ensuite l'opération pour chaque partie du dessin : visage, cou, chemise, etc. Je vous conseille de classer ces différents calques dans des groupes. Par exemple : mettre les calques "visage" et "cou" dans un groupe "tête".

Croquis en Produit

Le mode de fusion Produit est essentiel en peinture numérique. Il vous permet de faire disparaître tout le blanc d'un calque. En passant votre croquis scanné en mode Produit, vous ne conservez que le trait noir. Vous pouvez alors ajouter vos calques de couleur en dessous pour coloriser le croquis.

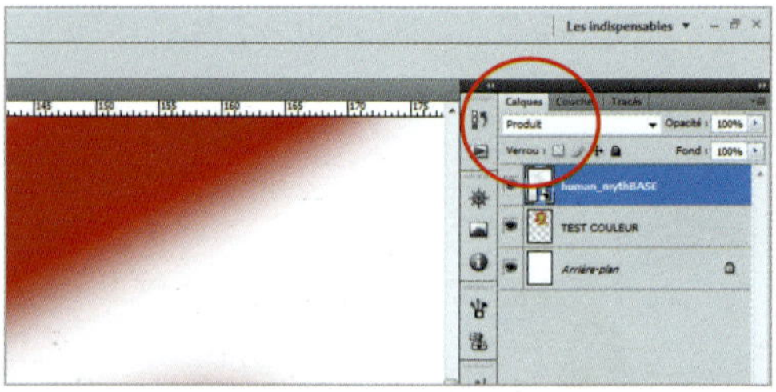

03 CRÉER LES MASQUES

Les masques permettent de faire apparaître ou disparaître des zones d'un calque ou d'un groupe de calques. Sélectionnez l'icône d'un calque en maintenant enfoncée la touche Ctrl/Cmd, ce qui permet de sélectionner le contour du calque. Groupez alors ce calque (Ctrl/Cmd+G) puis cliquez sur l'icône Ajouter un masque de fusion en bas du panneau Calques. Dans ce groupe, créez un nouveau calque et testez l'outil Pinceau. Vous verrez que vos coups de pinceau restent confinés dans la zone du masque. Répétez l'opération pour chacun de vos calques.

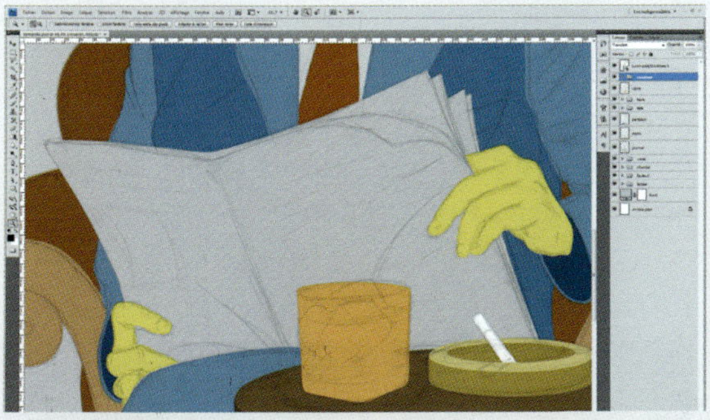

04 POSER LES OMBRES VOLUMIQUES

Chaque groupe détermine une zone bien précise. Dans le groupe "tête", créez le groupe "ombres". Il contiendra les calques qui serviront à poser les ombrages. Prenez le Pinceau, réduisez l'Opacité et le Flux de l'outil de manière à tracer des traits légers et progressifs. Grâce au masque que l'on vient de créer, vos coups de pinceau ne dépasseront pas de la forme à travailler. Petit à petit, posez du noir de manière à donner du volume à la forme, en jouant avec le diamètre pour plus ou moins de finesse. Répétez l'opération pour chaque partie de dessin.

05 POSER LES LUMIÈRES VOLUMIQUES

Comme pour l'étape précédente, dans le groupe "tête", créez un autre groupe nommé "lumières". Cette fois-ci, utilisez le blanc pour contraster les parties du visage qui sont éclairées. Ne posez pas toute votre lumière sur le même calque. Cela vous permettra de jouer avec les modes de fusion de chacun. Le blanc en mode Normal simule un éclaircissement, mais le mode Incrustation permet de saturer les couleurs. En utilisant plusieurs calques, vous pourrez régler leur opacité et trouver les modes de fusion adéquats.

06 LES TEXTURES

Pour travailler les textures des différentes parties, sous les groupes “ombres” et “lumières”, créez un groupe “matière”. Vous pouvez scanner une feuille de papier froissée pour obtenir la texture du journal ou utiliser une photo de peau d’éléphant pour le cuir. Importez l’image d’une texture dans le groupe “matière” puis faites un Ctrl/Cmd+Maj+U afin de la désaturer. Jouez avec les différents modes de fusion du calque et son opacité pour que la texture s’intègre au mieux à la surface. Utilisez les masques pour estomper et mélanger les textures ainsi que les outils de déformation pour que les textures suivent les volumes.

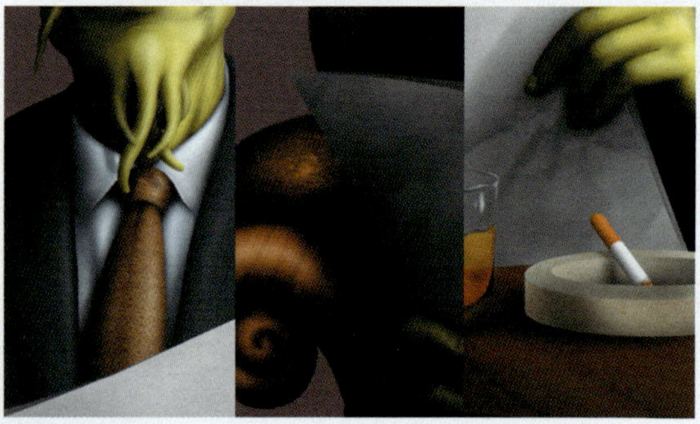

07 LE DÉCOR

Afin d’immerger convenablement le personnage dans la scène, nous allons travailler sur l’arrière-plan. Dans un nouveau groupe, faites des aplats de couleurs et dessinez rapidement une sorte de bibliothèque. Il est inutile de trop soigner les détails. Une fois cela effectué, fusionnez le groupe (Ctrl/Cmd+E). Sur ce calque, appliquez un Filtre> Atténuation> Flou gaussien. Réglez la jauge afin de simuler la profondeur de champ. Plus tard, vous pourrez ajouter des calques de réglage tels que Luminosité/Contraste ou encore de larges coups de pinceau estompés dans le groupe de l’arrière-plan pour faire ressortir le personnage.

08 PEAUFINER LES DÉTAILS

Sur une composition de ce genre, les détails permettent d’ajouter du réalisme. Occupez-vous des yeux en soignant les pupilles, les mains et les ongles, le verre de whisky et ses nombreux reflets internes dus aux glaçons, la fumée de cigarette, les plis d’expression du visage, les franges de l’abat-jour de la lampe, etc. Vous pouvez également agrémenter les textures avec le pinceau pour soigner les motifs sur la cravate, et colorer la peau à l’aide de pigments.

09 LES REFLETS

Les reflets sont présents un peu partout sur cette composition. Des reflets estompés, des nets, des caustiques et les reflets de surface. Vous commencerez par les reflets estompés. Avec le pinceau en Opacité et Flux élevés, apportez des touches de blanc sur les zones appropriées telles que les plis de peau, le verre, les objets vernis, etc. Ensuite, avec l'outil Doigt, estompez ces reflets en respectant la forme du volume. Ajoutez les reflets nets au pinceau sur les zones très brillantes comme l'œil ou le verre sans les estomper. Jetez un oeil à l'encadré pour les autres reflets.

10 L'ÉCLAIRAGE AMBIANT

Créez le groupe "filtres" tout en haut. Ajoutez lui un calque Teinte/Saturation et cochez Redéfinir. Placez la jauge de couleur dans les jaunes/orangés, puis baissez l'Opacité à 20 %. Ajoutez un calque Luminosité/Contraste. Sur un nouveau calque, sélectionnez une couleur vive (bleu ou rose par exemple), et donnez des coups de pinceau très progressifs ou utilisez le Dégradé dans un coin de l'image. Passez le mode sur Éclaircir puis baissez son Opacité à 16 %. Cela permet de simuler les lumières parasites et les reflets ambiants. Jouez avec les modes de fusion.

11 FINALISATION

Votre composition est terminée, mais n'hésitez pas à revenir sur certains calques pour peaufiner des détails, des reflets ou régler les filtres de couleur. N'oubliez pas de faire des pauses régulières ; cela permet de repérer des défauts ou anomalies qui ne vous sauteront pas aux yeux si les heures de travail s'enchaînent...

Reflet de surface et caustiques

Les reflets de surface sont par exemple celui du cendrier sur la table. Pour ceux-là, utilisez le pinceau puis le filtre de Flou directionnel vertical et les masques pour les estomper. Enfin, les caustiques sont formés par la lumière qui passe au travers du verre. Comme pour les reflets estompés, ajoutez sur la surface de la table de petites touches de lumière aux couleurs du whisky.

LES ARTISTES
Christelle & David
Studio SILVERGRAPHX
Concept Artists Designers
Édition, Presse, Video Game, Web.

Christelle et David sont diplômés et passionnés d'arts graphiques. Sensibles au monde de l'art numérique, ils collaborent dans la conception et le développement de visuels ayant pour thème des univers fantastiques. Tous deux ont développé un style graphique qui leur est propre et les distinguent des autres concept artists.
http://www.silvergraphx.org/

Plus de couleur

Vous pouvez aller plus loin en mémorisant ces couleurs dans le panneau du même nom où vous retrouvez les icônes de premier plan et d'arrière-plan ainsi que des curseurs pour modifier les couleurs. Le menu déroulant contient des options pour changer ces curseurs, avec les mêmes options que le Sélecteur (CMJN, RVB, etc.).

Pour remplir un calque (ou une sélection) de couleur, vous pouvez passer par le menu Édition> Remplir (ou utiliser le Pot de peinture), ajouter un style de calque Incrustation couleur ou encore ajouter un calque de remplissage Uni.

Enfin, le panneau Nuancier est lui aussi d'une grande aide. Il offre dans son menu déroulant un grand nombre de nuanciers prédéfinis, parfaits pour obtenir rapidement des couleurs en accord. Vous pouvez les personnaliser : supprimer des couleurs avec la touche Alt+clic, en ajouter d'un clic dans le nuancier, les mémoriser par le menu déroulant et les échanger.

SUR LE CD : Vous trouverez sur le CD une photo de cascade et une texture de roche.

NOS EXPERTS
Christelle & David
Studio SILVERGRAPHX
Concept Artists Designers Édition, Presse, Video Game, Web.
Christelle et David sont diplômés et passionnés d'arts graphiques. Sensibles au monde de l'art numérique, ils collaborent dans la conception et le développement de visuels ayant pour thème des univers fantastiques. Tous deux ont développé un style graphique qui leur est propre et les distinguent des autres concept artists. http:// www.silvergraphx.org/

WATERFALL CITY

Voici comment réaliser une illustration en commençant par un speed painting puis en intégrant des éléments photographiques.

Tout d'abord, nous commençons évidemment par un brainstorming afin d'arrêter l'idée puis la gamme colorée qui servira à définir l'ambiance recherchée. Une fois que nous sommes d'accord sur le visuel à établir, il est temps de lancer notre outil de prédilection : Photoshop. Il va s'agir de représenter en haut d'une formation rocheuse un fauconnier qui envoie un message vers une ville suspendue à flanc de montagne, s'ouvrant sur une vallée spacieuse.

01 GRILLE DE PERSPECTIVE

Créez un nouveau document (Ctrl/Cmd+N) en niveaux de gris, 290 x 420 mm, 72 dpi. Comme il s'agit de réaliser un panoramique d'une ville, nous avons opté pour un format horizontal. Nous commençons tout d'abord par placer la ligne d'horizon puis établissons une grille de perspective avec l'outil Trait, de couleur blanche. Il faut veiller à bien avoir l'option Calques de forme cochée dans la barre d'options. Nous traçons un tas de lignes parallèles en maintenant la touche Maj afin de rester sur le même calque, puis nous dupliquons le calque obtenu. Renommez-les respectivement "grille 1" et "grille 2". Ces deux calques sont ensuite transformés (Ctrl/Cmd+T) et mis en perspective par rapport à notre horizon pour se retrouver avec deux points de fuite.

Perspective

Lorsque vous créez des paysages, des architectures, etc. vous devez bien penser au préalable à la perspective qu'aura votre illustration et vous aider par exemple de l'outil Point de fuite de Photoshop ou encore de l'outil Trait puis de la fonction de Transformation pour créer vos lignes de fuite.

02 FOND ET NUAGES

Nous continuons ensuite avec un dégradé linéaire d'un gris foncé 82 % vers un gris clair 31 %, à titre indicatif. Nous avons à présent la base de notre fond. Avec une forme de pinceau type Aérographe, nous ajoutons quelques volumes dans le ciel pour suggérer la présence de nuages légers et ajouter de la profondeur.

« L'idée est de traiter cette forme avec un léger aplat de gris, toujours avec notre forme de pinceau numéro 19. »

Niveaux de gris

De nombreux artistes préfèrent commencer leurs illustrations en posant d'abord des nuances de gris. Les couleurs viendront après.

04 LE ROCHER

Il est ensuite temps d'ajouter nos éléments principaux : le rocher au premier plan en noir 100 % et les montagnes en gris 20 % qui serviront de support à la ville suspendue.

03 FORME DE PINCEAU

Il est temps d'attaquer la suite de notre puzzle. L'objectif également de ce tutoriel est de se familiariser avec une des formes de pinceaux basiques de Photoshop (voir l'image). Il s'agit de la forme de pinceau numéro 19, pour laquelle vous allez régler Autre dynamique> Variation de l'opacité et du flux sur Pression de la plume. Dans Dynamique de forme, réglez également Variation de la taille en fonction de la Pression de la plume. Une fois ceci fait, nous pouvons commencer à ajouter des formes montagneuses à l'arrière-plan pour renforcer ainsi l'échelle et la taille du paysage. L'idée est de traiter cette forme avec un léger aplat de gris, toujours avec notre forme de pinceau numéro 19 dont nous faisons jouer la taille pour avoir la masse choisie en un coup de pinceau.

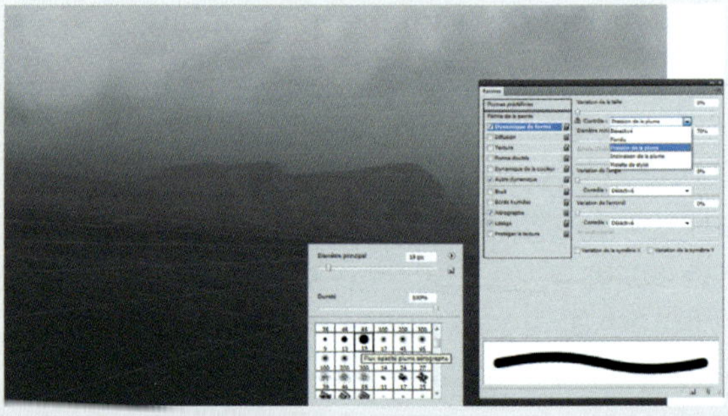

05 LA VILLE

Commencez à ajouter avec un gris à 18 % des masses qui vont suggérer les divers bâtiments composant la cité. Ajoutez également la silhouette du personnage qui va accentuer le côté épique et gigantesque de la scène.

06 LUMIÈRES

Ensuite, toujours avec la même forme de pinceau et en jouant sur sa taille, nous pouvons ajouter des lumières sur la ville et sur le rocher au premier plan afin de donner de la vie et du volume au concept. Cette phase est très importante car elle permet d'atteindre l'équilibre de notre composition et va rapidement nous montrer si elle fonctionne. L'idée est de suggérer qu'il se passe quelque chose à l'arrière-plan avec un ajout de taches en gris 73 % (ne cherchez pas à être concret lors de cette phase-là, pensez graphique).

07 CONTRASTE

Nous utilisons toujours 100 % d'Opacité et de Flux pour que l'illustration garde de la fermeté dans son traité et du dynamisme. Il faut penser à laisser respirer du noir sur le rocher au premier plan pour garder la force de l'ombre et faire fonctionner ainsi un contraste de proximité. Ensuite, prenez le fichier forme de pinceau, ouvrez-le, et choisissez Édition puis Définir une forme prédéfinie. Peignez en noir et valeurs de gris avec la Variation de l'angle en direction des masses évoquant alors l'arbre en bas des rochers au premier plan. Les petits détails sont ajoutés toujours avec la même forme de pinceau, mais plus fine.

08 COULEUR

Maintenant, il est temps de passer à la couleur et de redimensionner notre image à 300 dpi. Faites Image> Taille de l'image et entrez 300 dpi. Dans le panneau Calques, sélectionnez le petit cercle gris et noir, choisissez Courbes de transfert de dégradé et passez ce calque de réglage en mode Superposition. Répétez l'opération deux fois. Ensuite, double-cliquez sur le premier puis changez les couleurs en utilisant plusieurs valeurs de vert, du foncé au clair. Répétez l'opération pour l'autre calque mais avec des valeurs rouges/marron. Pour cette opération, utilisez des teintes pas trop saturées dont les valeurs doivent correspondre au dégradé de base (utilisez du foncé jusqu'au clair). Ensuite, peignez en noir sur les parties ombrées du masque du calque "vert" et sur les parties lumineuses du masque du calque "rouge". Vous devriez alors obtenir une image ressemblant à celle-ci.

09 LE CIEL ET LA ROCHE

Créez un calque en mode Superposition, un en Lumière crue et un autre en Densité couleur -. Sur le calque Superposition, utilisez un vert/jaune clair et un gris foncé pour poser des lumières sur la roche et dynamiser le ciel en lui ajoutant un gris très foncé.

10 REHAUSSER

Sur le calque en mode Lumière crue, utilisez des verts/gris peu saturés et des rouges foncés peu saturés également pour rehausser. Ajustez les ombres, lumières et couleurs de la composition, selon votre inspiration. Pour cela, utilisez la forme de pinceau Aérographe à bord doux.

11 LUMIÈRES ET DÉTAILS

Sur le calque Densité couleur -, à l'aide d'un gris moyen, placez les lumières les plus importantes et quelques détails sur les rochers, les branches et les montagnes. Cette partie est essentielle, n'hésitez pas à prendre votre temps pour la mener à bien.

12 INTÉGRER LES PHOTOS

Prenez les photos sur le CD puis sélectionnez des morceaux intéressants. Incrustez-les à l'aide de l'outil Transformation et en changeant le mode Lumière crue, tamisée ou Superposition. Vous pouvez jouer sur la teinte et la saturation pour que les couleurs fonctionnent ensemble (Ctrl/Cmd+U) et les Niveaux (Ctrl/Cmd+L). Gommez doucement à l'aide d'une forme à bord doux les zones superflues.

13 RETOUR EN VILLE

Après, il s'agit de reprendre certaines zones de la ville sur un calque en mode Normal, toujours avec notre fameuse forme de pinceau numéro 19, afin de gagner un peu plus de netteté sans toujours trop chercher à entrer dans les détails vu qu'il s'agit du second plan. Faites quelques atténuations sur le paysage également pour optimiser les fondus.

14 TOUCHES FINALES

Pour finir, nous allons nous occuper du fauconnier et de son oiseau messager. Sur un calque en mode Normal, nous esquissons la masse puis quelques couleurs. L'objectif est toujours de suggérer plus que de montrer. Les lumières finales sont réalisées sur un calque en mode Densité couleur - et prélevées sur les couleurs de base à l'aide de l'outil Pipette.

LES ARTISTES
Christelle & David, Studio SILVERGRAPHX, Concept Artists Designers - Édition, Presse, Video Game, Web.
Christelle et David sont diplômés et passionnés d'arts graphiques. Sensibles au monde de l'art numérique, ils collaborent dans la conception et le développement de visuels ayant pour thème des univers fantastiques. Tous deux ont développé un style graphique qui leur est propre et les distinguent des autres concept artists.
http://www.silvergraphx.org/

Les dégradés

Lorsque vous désirez faire un dégradé sur une composition, vous avez plusieurs choix dans la bibliothèque de Photoshop. Mais il n'y a pas forcément ce que vous recherchez. Prenez l'outil Dégradé et cliquez sur le dégradé dans la barre d'options. Vous pouvez changer les couleurs, l'opacité et la position de chaque Étape de dégradé en bas de la fenêtre Éditeur de dégradé. Lorsque vous voulez modifier une couleur, double-cliquez sur l'étape de dégradé.

Pour ajouter une étape, cliquez entre les deux autres étapes existantes, mais à la même hauteur qu'elles. Lorsque vous voulez jouer sur l'opacité, vous ajoutez une poignée au-dessus de l'aperçu. Maintenant, si vous avez envie que votre couleur soit plus ou moins élargie, vous pouvez sélectionner l'étape de cette couleur et faire glisser les petits losanges (Milieu de couleurs).

Mémorisez ensuite votre nouveau dégradé en lui donnant un nom et en cliquant sur le bouton Nouveau dans l'Éditeur de dégradé.

CANIS LUPUS

CANIS LUPUS !

Créer une fourrure réaliste sur Photoshop à la tablette graphique !

Peindre une fourrure réaliste est un challenge pour beaucoup de graphistes. Les techniques pour y parvenir sont nombreuses et variées. Cyrille Nicoloff est un autodidacte du stylet qui aime relever ce genre de défi. Et pour y arriver, il utilise une méthode sûre qu'il va vous exposer à travers le portrait d'un loup.
Tout commence par un dessin en noir et blanc qu'il faut importer ou créer à la main dans Photoshop. Il restera votre guide depuis le processus de colorisation jusqu'à la mise en place de la fourrure à l'aide de l'outil Pinceau. Pour faire ce travail, vous n'en utiliserez qu'un seul. Et c'est en jouant sur les variations de l'opacité ou de la taille de votre pinceau que vous créerez les couches successives de poils.
Vous finirez ensuite par donner du volume en dessinant les ombres et la lumière sur votre loup.
Ce tutoriel ne peut être réalisé qu'à l'aide d'une tablette graphique. Le résultat final dépend énormément de la pression que vous exercerez sur le stylet. Avoir quelques notions de dessin sera un plus, mais vous devrez surtout prendre votre temps et faire preuve de patience lorsque vous tracerez les poils un à un sur l'animal. Bonne création !

SUR LE CD : Vous trouverez sur le CD le croquis de départ avec les calques de couleurs souches, de disposition de la fourrure ainsi que le nuancier complet, pour un usage personnel.

NOTRE EXPERT

Cyrille Nicoloff est un infographiste autodidacte de 41 ans vivant en région parisienne. Il a notamment effectué des créations pour des associations sportives et artistiques. Passionné par l'image, il affectionne tout particulièrement le monde de la 2D et de la 3D. Il utilise Photoshop aussi bien que Maya en passant par Zbrush et est en perpétuelle observation du monde qui l'entoure pour le reproduire sur son écran.

01 C'EST PARTI !

Ouvrez le document de départ : Fichier> Ouvrir> loup_start.psd. Affichez le panneau du nuancier : Fenêtre> Nuancier. Cliquez sur l'icône avec la flèche en bas puis, dans le menu, cliquez sur "Remplacer un nuancier". Allez chercher le fichier "PaintingLoup.aco" qui se trouve sur le CD. Pensez à sauvegarder les couleurs existantes avant de faire cette opération. Ce nouveau nuancier nous servira à dessiner notre loup jusqu'à la mise en place des poils. Vous pouvez créer votre propre palette en échantillonnant les couleurs depuis une photo de référence, si vous préférez.

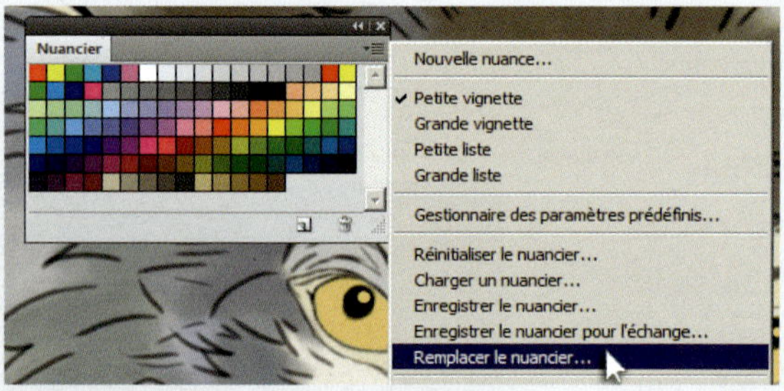

02 CRÉER LES YEUX

Dans ce type de peinture, j'aime donner une intensité au regard dès le départ. Ça m'aide beaucoup pour la suite du travail. Créez un nouveau calque : Calque> Nouveau> Calque nommé "yeux" que vous placez au-dessus du "fond". Sélectionnez la couleur orange "OeilAmbiant" dans le nuancier et remplissez les yeux. Prenez le pinceau "Ronde net" et réglez son diamètre à 15 pixels, dureté à 90 %. Servez-vous du croquis pour faire la forme sans déborder les contours.

03 ŒIL TRICOLORE

Ouvrez le panneau des formes : F5. Activez uniquement l'option Autre dynamique> Variation de l'opacité> Pression de la plume, ainsi que l'option Lissage. Prenez la couleur jaune "OeilLumière" et réglez le pinceau à 10 pixels, dureté 11 %. Peignez doucement à l'intérieur de la couleur orange en donnant des coups de pinceau irréguliers. Le but est de faire varier la couleur à l'intérieur de l'œil. Faites de même avec la couleur "OeilVariante" aux extrémités.

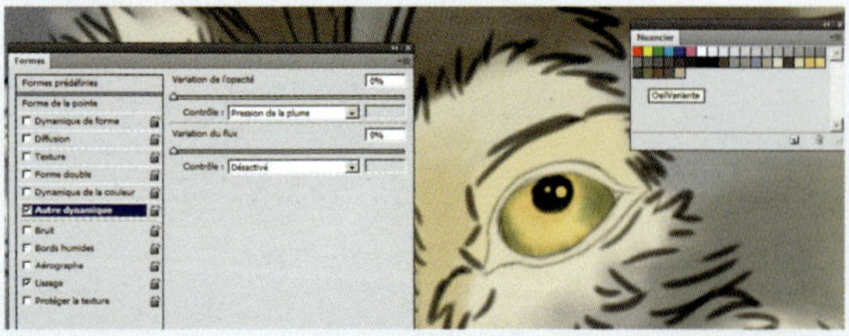

04 REGARD NAISSANT

Reprenez le jaune clair pour faire d'autres irrégularités si nécessaire. Utilisez l'outil Doigt avec une intensité à 60 % pour étaler les couleurs entre elles et faire des transitions douces. Réglez le pinceau à 23 pixels, dureté à 80 % et créez la pupille à l'aide d'un noir absolu. Puis augmentez la taille du pinceau à 35 pixels, dureté à 60 % et peignez doucement pour simuler la couronne pupillaire. Si vous n'êtes pas sûr de vous, peignez sur un calque séparé. Fusionnez les calques "yeux" et "base".

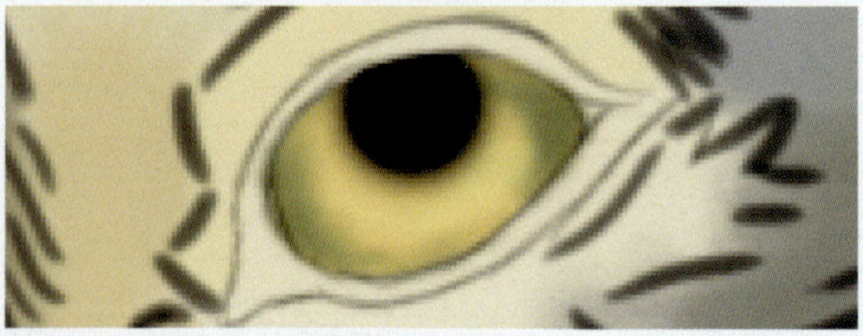

05 FINALISATION DU REGARD

Maintenant, noircissez les contours avec un pinceau doux et une opacité à 20 %. Donnez des coups de pinceau légers pour créer du volume. Faites de même aux extrémités en ajoutant les ombres directement sur l'œil. Il doit se fondre avec les contours. Réglez le pinceau à 9 pixels et sa dureté à 10 %. Placez un reflet blanc sur le noir de la pupille. Répétez l'opération avec la couleur "RefletBleu" de chaque côté du reflet blanc. Vous pouvez travailler sur des calques distincts et réduire leur opacité avant de les fusionner.

06 COLORISATION

Les couleurs du calque "base" ne sont pas définitives. Elles vont nous servir à ajouter des nuances lorsque nous redéfinirons la tonalité générale de la tête. Réglez le pinceau à une taille de 16 pixels, dureté à 21 %. L'opacité doit varier selon la pression exercée sur le stylet. Sélectionnez la couleur "TeteMarron" et peignez en commençant par le museau. Appuyez plus sur les zones sombres et effleurez la tablette dans les zones éclairées. Ne corrigez pas une erreur avec les touches Ctrl/Cmd+Z, il vaut mieux repeindre par-dessus, cela ajoute une texture supplémentaire à votre peinture.

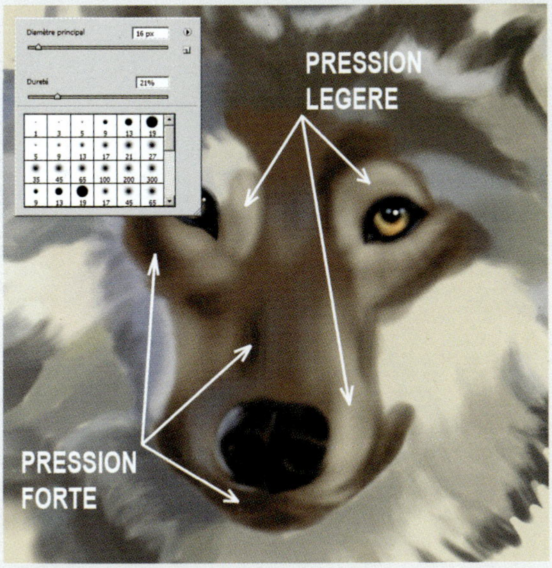

07 LES LUMIÈRES

Avec la couleur "TeteLumières" et un pinceau de 14 pixels, dureté à 0 %, révélez les parties éclairées comme les joues, les babines à gauche et à droite de la truffe et les flancs du museau. Appuyez plus fort sur les parties charnues qui accrochent davantage la lumière. À certains endroits, comme le bord de la truffe, deux coups de pinceau suffisent pour renvoyer la lumière.

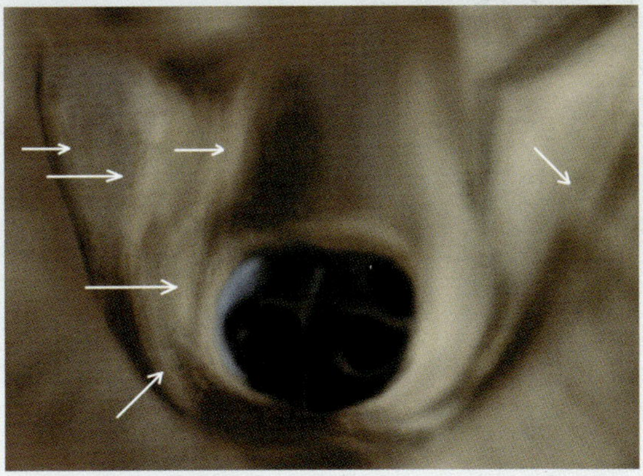

« Les couleurs du calque "base" ne sont pas définitives. »

08 LES OMBRES

Une fois les lumières placées, nous allons les renforcer en ajoutant les ombres. Gardez le même pinceau et prenez la couleur "OmbreFinale". Suivez les bords des zones lumineuses qu'il faut détacher par des coups de pinceau très doux. Détachez les joues et le dessus du museau. Continuez sur la truffe en utilisant un pinceau réduit à 10 ou 8 pixels et conservez quelques zones d'ombre bleutée sur la gauche.

09 DANS LA GUEULE DU LOUP

Dessinez la gueule avec un pinceau à 9 pixels et une dureté à 45 %. Donnez des coups de pinceau sous la truffe en suivant le sens des poils. Insistez bien au centre de la bouche en lui donnant la forme d'une amande étirée. Ensuite, tracez un filet sombre sur le bord de la babine supérieure pour séparer les deux parties. Suivez ce filet et finissez-le en élargissant l'ombre aux commissures. Évitez de tracer des bords trop francs et jouez encore une fois avec la pression du stylet.

10 INTÉGRATION DE LA TRUFFE

Notre base est presque terminée. Il ne nous reste plus qu'à finaliser la truffe de notre loup qui est sombre et luisante. Avec un pinceau de 13 pixels et une opacité à 15 %, peignez sur le bord supérieur de la truffe pour l'intégrer au museau. Avec la couleur "RefletBleu", ajoutez des reflets aux parties inclinées sur la gauche.

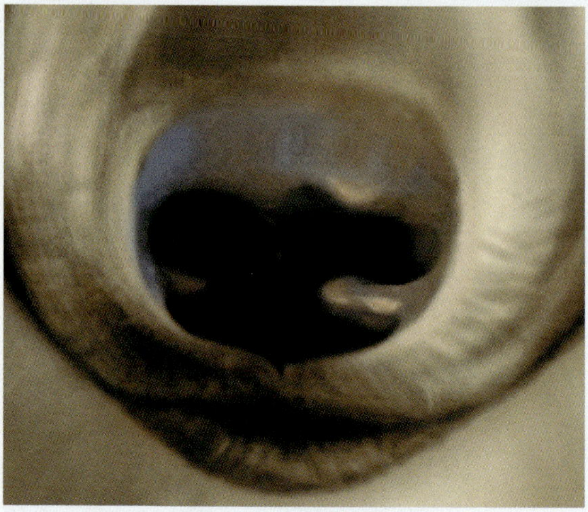

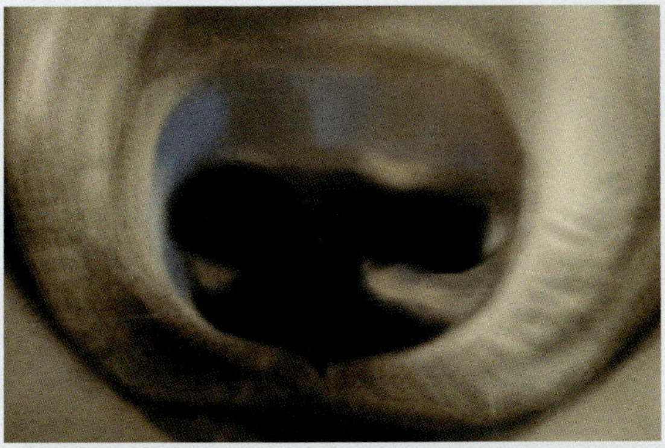

11 ENCORE PLUS DE VOLUME

Reprenez la couleur “OmbreFinale” et passez aux limites des reflets bleus. Faites une fine transition de couleur entre le noir et le bleu. Finalisez avec l’outil Doigt pour lisser les couleurs sans les déplacer. Utilisez une intensité inférieure à 30 %. Pour finir, prenez la couleur “PelageClair” et réglez le pinceau sur 5 pixels, dureté à 50 %. Tracez les reflets durs sur les arêtes des naseaux. Renommez le calque “peau”. Notre dessin est prêt à recevoir la fourrure.

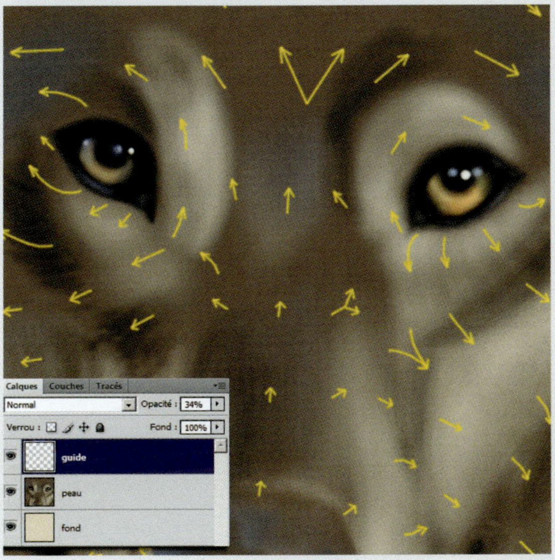

12 OBSERVATION ET MÉTHODE

Avant de commencer la fourrure, vous devez vous constituer un guide qui vous servira pour l’orientation des poils selon les différentes parties. Prenez une photo de référence pour observer les différentes longueurs de poils selon leur implantation. Le museau par exemple présente un pelage très court et très aligné. La densité est moins grande et, à cet endroit, les couleurs sont souvent constantes. En quittant la zone du museau, la fourrure s’allonge et peut avoir plusieurs couleurs sur un même brin. Sur un nouveau calque que vous nommez “guide”, tracez des flèches qui suivent la pilosité. Observez les changements d’orientation et marquez-les. Ensuite, réduisez l’Opacité du guide à 34 % environ.

La pause

Lorsque vous n’arrivez pas à obtenir le résultat escompté malgré vos tentatives répétées, faites une pause. Laissez la peinture de côté et ne revenez à la tablette que quelques heures après. Un œil neuf est plus analytique qu’un œil fatigué. N’ayez pas peur de montrer votre travail à plusieurs personnes de votre entourage et analysez les commentaires. Lorsqu’une critique revient plusieurs fois, notez-la. La fatigue peut masquer une erreur, aussi flagrante soit-elle. Par ailleurs, lorsque vous dessinez sur un document agrandi, amusez-vous régulièrement à dézoomer pour retrouver une vue d’ensemble.

13 LE MUSEAU

Créez un nouveau calque : Calque> Nouveau> Calque et nommez-le "poils_8". Placez-le au-dessus de "peau". Assurez-vous d'avoir le pinceau "Arrondi net 19" sélectionné et utilisez les réglages suivants : taille 8 pixels, dureté 50 %, Dynamique de forme> Variation de la taille sur Pression de la plume, Autre dynamique> Variation de l'opacité sur Pression de la plume. Gardez le Lissage activé. Sélectionnez la couleur "PoilClair2" et donnez des coups de pinceau doux et courts sur le dessus du museau. Variez légèrement l'orientation par endroits mais l'ensemble des tracés doivent avoir une direction cohérente. Remontez jusqu'à l'amorce du front en allongeant les poils.

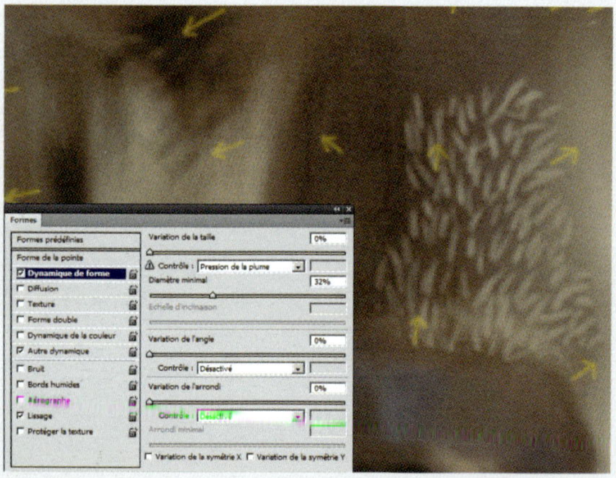

14 LA JOUE GAUCHE

Prenez la couleur "PoilMoyen2". Réservez cette couleur pour les parties éclairées. Le gris moyen en sous-couche permettra de révéler les autres couches de poils qui seront plus détaillées. Continuez à peindre des poils courts en suivant le guide. N'oubliez pas de reprendre la couleur "PoilClair2" lorsque vous passez sur une zone sombre. Si la transition est trop forte entre les deux teintes, peignez doucement sur les pointes claires pour les assombrir légèrement et inversement.

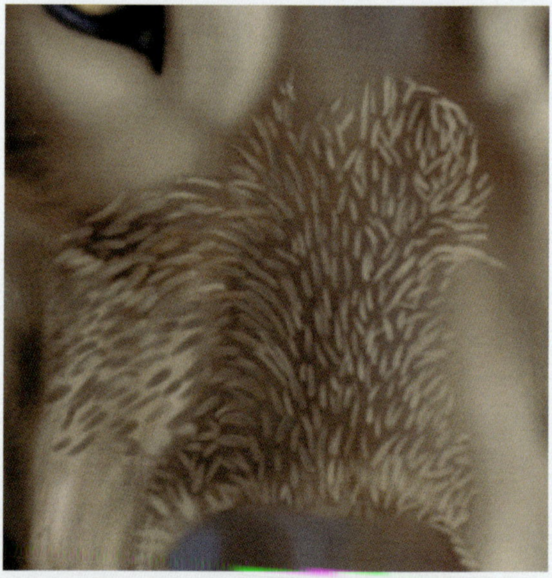

15 LA JOUE DROITE

Procédez de la même manière que la joue gauche mais avec la couleur "PoilMoyen1". N'allez pas plus loin que le côté du museau. Le sens du travail est similaire à celui d'un portrait : d'abord le nez, puis le front, les yeux, les joues et finalement la partie inférieure de la gueule (babines et menton). Les oreilles et le crâne peuvent se faire sur un calque séparé que l'on fusionnera une fois terminé. Ce flux de travail m'aide à conserver un rythme lorsque je dessine un portrait.

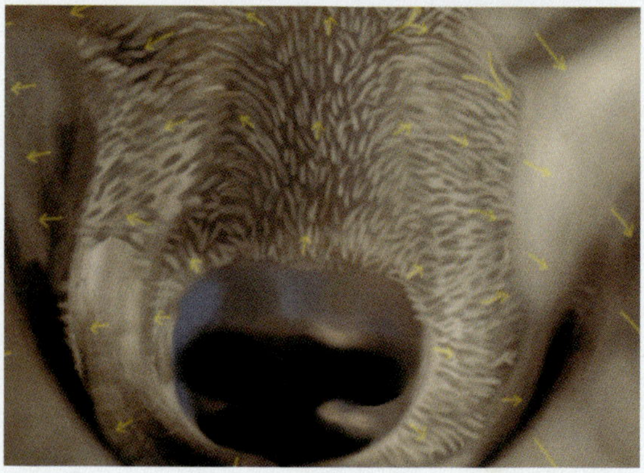

16 LE FRONT, LES YEUX ET LES JOUES

Le pelage à l'amorce du front doit être plus long. Prenez la couleur "PoilSombre1" et tracez la bifurcation entre les yeux. Continuez en contournant les arcades sourcilières pour rejoindre les tempes. Poursuivez vers le haut, entre les oreilles. Pensez à panacher la couleur avec celle du "PoilMoyen2", surtout à l'approche de la tempe droite puisque la lumière est plus forte de ce côté. Pour les yeux, prenez la couleur "PoilClair1" sur les zones sombres et "PoilMoyen1" sur les zones claires. Utilisez la même technique qu'à l'étape 15 lorsque vous arrivez aux joues.

17 LES OREILLES

Avec la couleur "PoilSombre2", tracez quelques poils épais, en forme d'arc, depuis le bord vers l'intérieur. Pour le creux, dessinez en allant du centre vers l'extérieur. Donnez du volume aux oreilles. Prenez la couleur "PoilMoyen2" et continuez sur les parties intermédiaires. Faites la liaison entre les poils sombres et la peau. Sélectionnez la couleur "PoilClair1" et dessinez la fourrure entre les zones sombres. Le dessin s'effectue en "étoile", c'est-à-dire en allant du centre vers l'extérieur. Rejoignez les tracés sombres et débordez par endroits en effleurant la tablette, vous créerez ainsi des mèches rebelles plus longues et moins denses que les autres.

18 L'ENCOLURE

Nous arrivons à la fin de cette première couche de fourrure. Maintenant que vous êtes familiarisé avec les différentes couleurs "PoilClair", "PoilMoyen" et "PoilSombre", dessinez les nuances selon les sources de lumière à droite et les ombres à gauche. Rien ne vous empêche d'utilisez vos propres couleurs à condition de respecter les tons de la fourrure. N'oubliez pas que cette partie du loup est très fournie. Dessinez donc des poils longs et rapprochés. Jouez sur la pression de la plume pour fusionner les poils entre eux. Enfin, réduisez l'opacité du calque "poils_8" à 69 %.

19 ORGANISATION

Créez un groupe de calques : Calque>Nouveau> Groupe… et nommez-le “fourrure”. Glissez les calques “guide” et “poils_8” à l’intérieur de ce groupe puis créez un nouveau calque : Calque> Nouveau> Calque que vous nommez “poils_6”. Placez-le entre le guide et le calque “poils_8”.

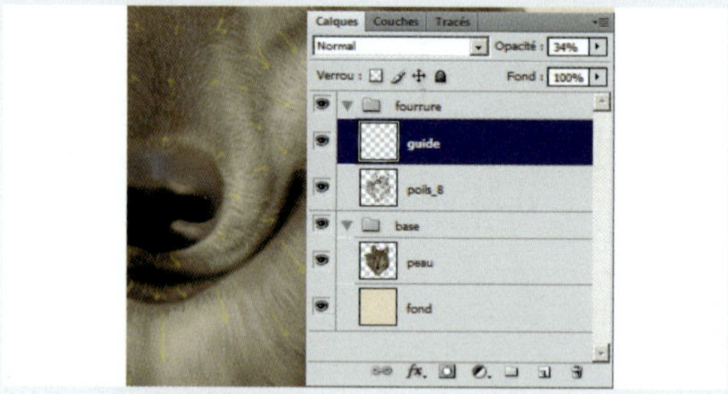

20 TECHNIQUE COMMUNE

Les couleurs de ce nouveau calque vont varier en fonction de celles déjà créées. Il s’agit donc de repasser au-dessus des coups de pinceau donnés sur le calque “poils_8” et de remplir les intervalles trop espacés, de diviser les poils trop épais et de retracer par-dessus les mèches du dessous. Nous sommes encore dans une logique de “remplissage” et nous allons ajouter un début de texture à la fourrure. Chargez le panneau des formes : F5 et réduisez la taille du pinceau à 6 pixels. Les autres paramètres restent identiques à ceux définis lors de l’étape 14. Dessinez les poils sur la partie gauche du museau avec la couleur “PoilsSombre1” et remontez vers le front.
Ne peignez pas sur la partie droite. Elle recevra une fourrure plus claire ultérieurement.

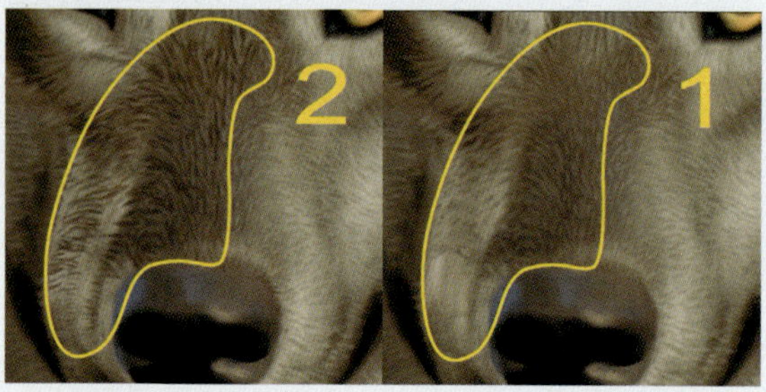

21 TECHNIQUE INTUITIVE DES COULEURS

Pour éviter les allers-retours entre le nuancier et le document, vous pouvez employer une méthode alternative qui fait davantage appel à votre esprit de dessinateur. Lorsque la teinte de la sous-couche varie, il suffit d’échantillonner la couleur existante avec l’outil Pipette : I ou par la combinaison Alt/Opt+clic gauche sur la couleur. Ouvrez ensuite le sélecteur de couleurs en cliquant sur la couleur de premier plan, activez la luminance “L” dans le groupe TSL des valeurs chromatiques et augmentez la valeur par tranche de 10 % avant de dessiner. Faites plusieurs essais pour vous familiariser avec cette technique que nous allons utiliser pour la suite du tutoriel.

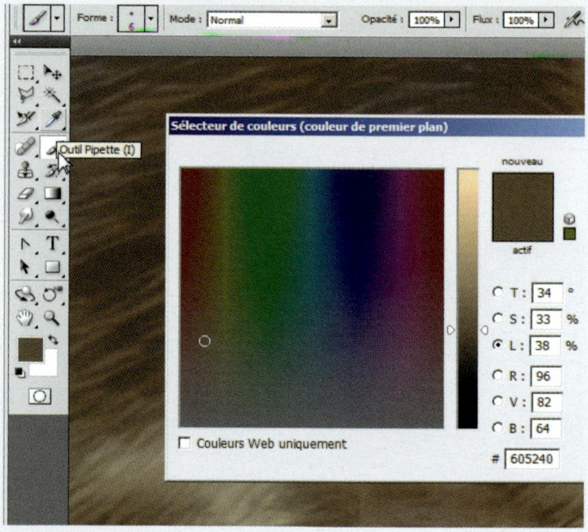

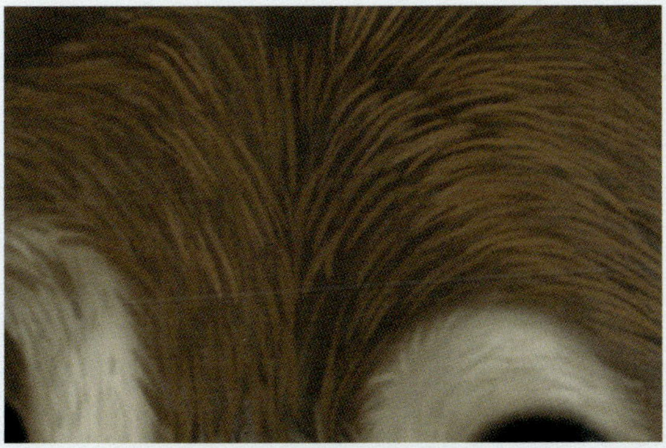

22 LE HAUT DE LA TÊTE

À l'amorce du front, échantillonnez la couleur du calque "poils_8" et augmentez sa luminance. Reprenez le dessin des poils en suivant la fourrure du calque inférieur. N'oubliez jamais la direction de la lumière lorsque vous dessinez. Contrairement au côté gauche, le côté droit est plus exposé. En conséquence, augmentez la luminance jusqu'à 47 % lorsque vous dessinez la fourrure dans cette zone.

23 LES YEUX

Pour la fourrure blanche des yeux, échantillonnez une zone très claire et diminuez sa luminance d'environ 7 % pour que la couleur soit légèrement plus sombre. Faites déborder quelques poils sur les bords et intensifiez le pelage sur le dessous de l'œil. N'oubliez pas de suivre le guide. Échantillonnez également la petite zone d'ombre située sous l'œil et assombrissez la couleur. Passez sur les pointes claires en appuyant très légèrement sur le stylet pour faire une transition vers l'ombre. Ajoutez quelques poils avec une couleur plus claire en passant par-dessus ceux que vous venez de tracer.

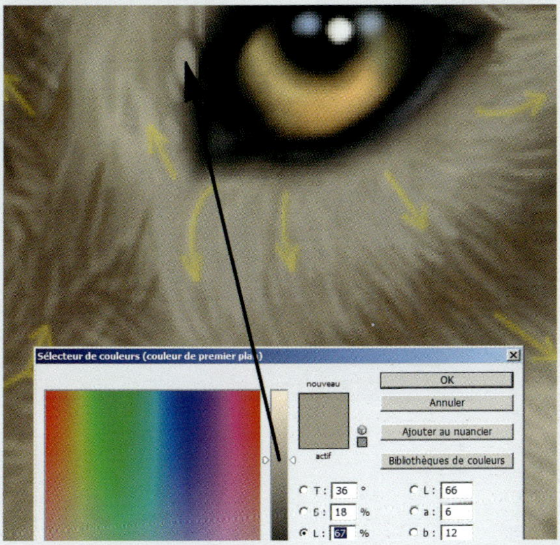

24 LE TOUR DE TÊTE

Continuez selon le même processus pour le tour de la tête en finissant le côté gauche avant le côté droit pour éviter les changements brusques de luminance. Vous respecterez ainsi les tonalités entre la partie ombrée et la partie éclairée. Ne vous occupez pas encore de la partie droite des babines et des joues. Elles seront traitées lors de la prochaine couche. N'oubliez pas que sur la gauche des babines le pelage est court.

25 L'ENCOLURE

L'encolure est la partie qui vous donne le plus de liberté. Respectez tout de même la longueur des tracés pour garder un pelage cohérent. Sur la partie éclairée, échantillonnez la couleur et augmentez très nettement la luminance. Créez quelques mèches distinctes en traçant trois ou quatre poils qui convergent au niveau des pointes. Dessinez les mèches aux endroits où la fourrure semble trop linéaire, ce qui ajoutera de la texture à votre fourrure.

26 LES OREILLES

Sur la partie des oreilles, échantillonnez la couleur la plus lumineuse et diminuez la luminance de 10 % au plus. Tracez quelques poils qui partent de cette zone jusqu'aux parties sombres. Ensuite, échantillonnez les couleurs sombres et augmentez la luminance de 8 % à chaque fois. De la même manière, dessinez quelques poils depuis les ombres pour atteindre les zones plus claires. Ici, vos tracés devant être plus visibles et éparses, espacez un peu les coups de pinceau. Ajoutez également quelques poils au sommet de l'oreille en les faisant déborder. Réduisez l'opacité du calque "poils_6" à 79 %. La deuxième couche de fourrure est terminée !

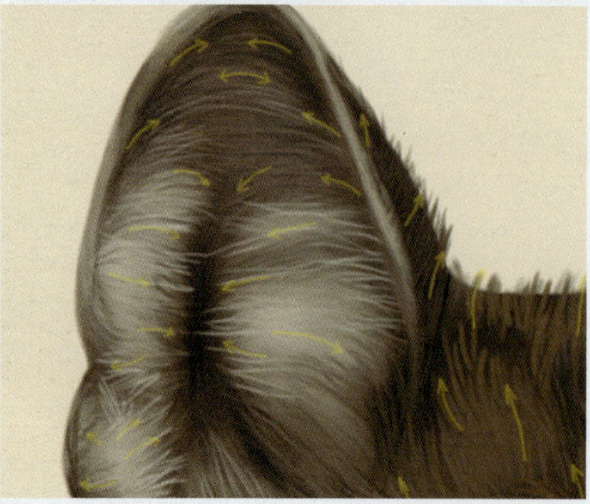

27 NOUVEAU CALQUE, NOUVEAUX POILS

Lors de cette phase, nous allons donner plus de réalisme à notre fourrure. Commencez par créer un nouveau calque et nommez-le "poils_4". Placez ce calque au dessus de "poils_6". Réduisez la taille du pinceau à 8 pixels avec une dureté à 60 % sans changer les autres paramètres.

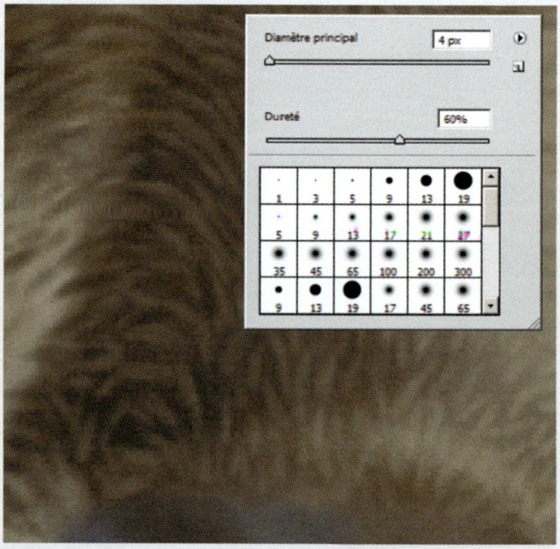

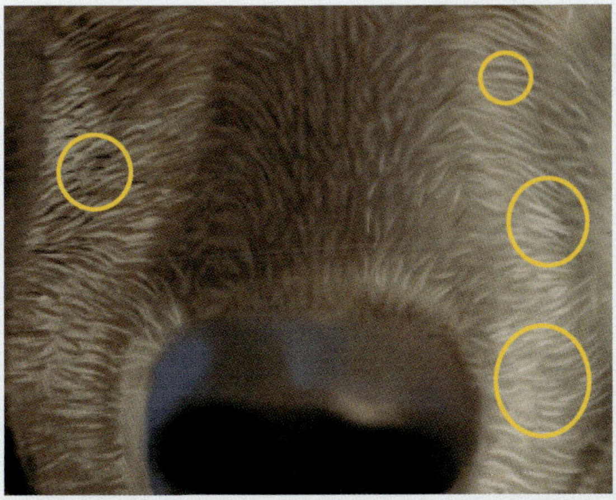

28 LES POILS FINS

Vous allez composer cette troisième couche de fourrure avec la même technique que celle utilisée précédemment en échantillonnant les couleurs de dessous. Faites attention au placement des futurs poils. En effet, à ce stade il ne s'agit plus de remplir le calque mais d'affiner le pelage. Pour ce faire, donnez votre coup de pinceau en repassant au milieu d'un poil du calque inférieur. Votre nouveau poil doit dépasser celui du dessous de quelques pixels seulement. Ceci donnera l'apparence d'une fourrure affinée.

29 AJUSTER LA DENSITÉ

La quantité de poils à dessiner est variable selon les parties de la tête. Donnez plus de matière en dessous des yeux et sur les joues. Réduisez la quantité lorsque vous arrivez sous la truffe. Sur les autres parties telles que les oreilles ou l'encolure, prolongez la fourrure comme à l'étape 29. Lorsque vous êtes satisfait, diminuez l'opacité du calque à 82 %.

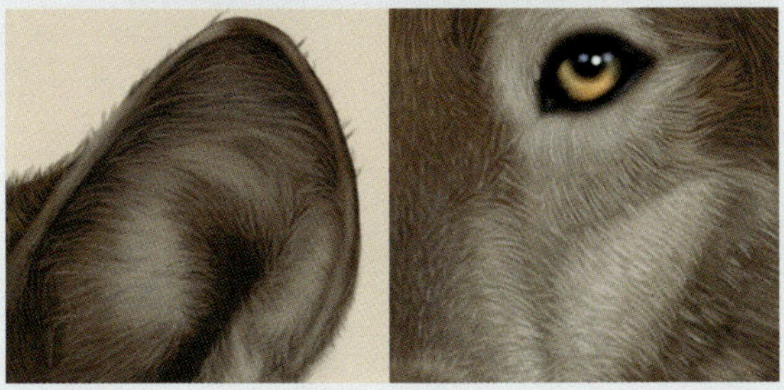

« Faites attention au placement des futurs poils. En effet, à ce stade il ne s'agit plus de remplir le calque mais d'affiner le pelage. »

30 FINALISATION DE LA FOURRURE

Cette phase va enfin révéler tout le travail déjà effectué. En dessinant des poils encore plus fins, vous allez ajouter de la profondeur au pelage. Le portrait est devenu suffisamment dense pour que vous risquiez d'échantillonner une mauvaise couleur. Faites donc attention et n'hésitez pas désactiver les calques situés au-dessous du calque inférieur lorsque vous prélevez la nuance. Créez un nouveau calque que vous appelez "poils_2". Placez-le au dessus de "poils_4". Réduisez la taille du pinceau à 2 pixels et augmentez la dureté à 95-100 %.

Fourrure courte

Pour dessiner une belle fourrure, faites plusieurs essais sur un autre document. Il est plus difficile de dessiner un pelage court. Si vous rencontrez des difficultés, utilisez la technique suivante :

Ouvrez le panneau des formes : F5. Dans Dynamique de forme> Variation de la taille, réglez le Contrôle sur Fondu et entrez 30 dans le champ des étapes d'atténuation. Entrez les mêmes valeurs pour le Contrôle et le champ d'atténuation dans Autre dynamique> Variation de l'opacité. Vos tracés sont maintenant en forme de pointe et vous pouvez contrôler la longueur en augmentant soit le pas du pinceau, soit la valeur des étapes d'atténuation d'opacité et de taille du pinceau.

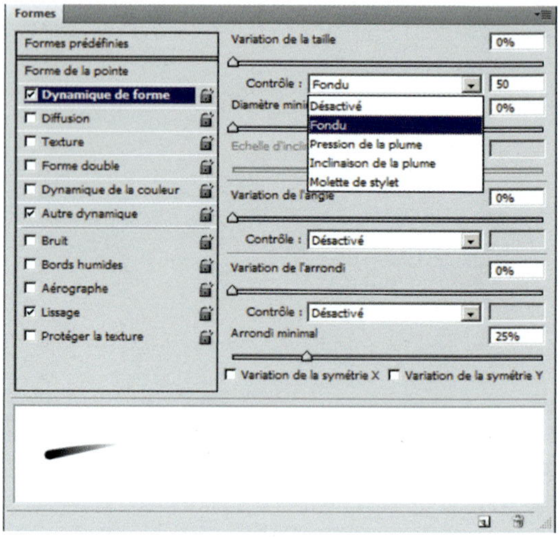

31 DU PANACHE DANS LES TONS

Pour le museau par exemple, échantillonnez la couleur du calque "poils_4" et tracez des poils très clairs avec une luminance haute dans la zone claire. Rééchantillonnez la couleur de la zone sombre et baissez franchement la luminance pour les poils sombres dans cette zone. Vous devez constater une nette amélioration dans la finesse de la fourrure dès les premiers coups de pinceau. Ne soyez pas trop généreux en volume, il vaut mieux placer les poils judicieusement et en quantité moindre. Maintenant, faites confiance à un nouveau guide : votre œil.

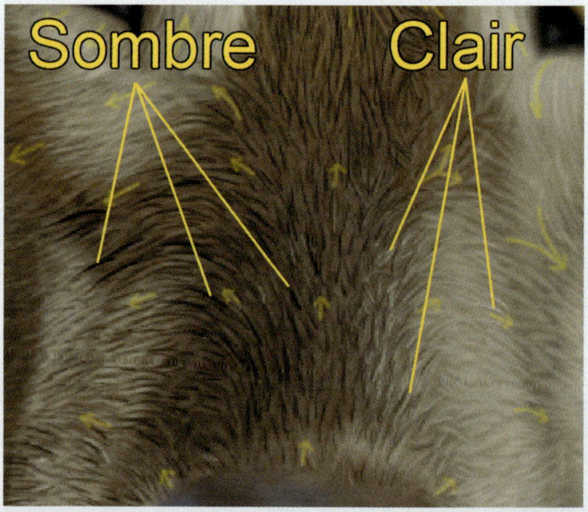

32 RIEN QUE DU DÉTAIL !

Continuez en remontant vers le haut de la tête. Observez et placez les poils au-dessus des autres. Allongez les coups de stylet en appuyant plus dans les parties denses. Vous dessinez maintenant de véritables "aiguilles", soyez régulier dans votre dessin.

33 LE BAS DE LA TÊTE

Finissez l'encolure et ajoutez quelques poils sombres pour faire une moustache naissante. Espacez encore plus vos coups de pinceau et variez les directions pour que la moustache donne l'impression d'être libre par-dessus des autres poils.

34 LES OREILLES

Là encore, panachez les tons foncés et les tons clairs dans les zones appropriées. De temps en temps, effleurez la tablette en faisant osciller votre stylet. Vous créerez ainsi un duvet très fin qui se démarquera des autres poils et qui donnera plus de détail. Avec un ton très sombre, reproduisez la même technique sur les bords de l'oreille. Diminuez l'opacité du calque à 86 % environ. La fourrure est entièrement terminée !

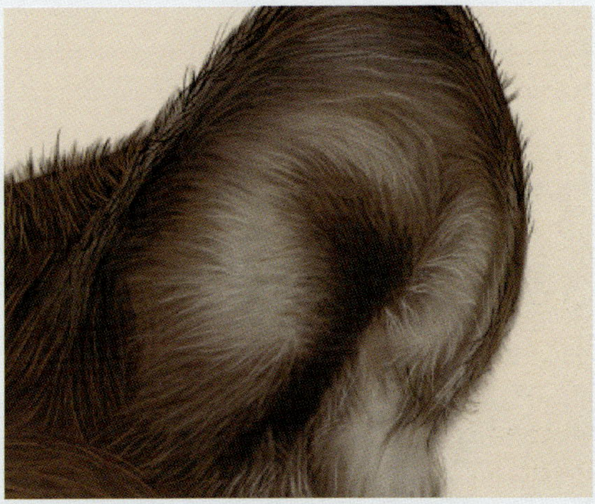

35 RETOUR AU DESSIN

L'intérieur des oreilles est encore vide. Nous devons donc les finir en reprenant le dessin. Sélectionnez un marron très foncé, proche du noir, et augmentez la taille du pinceau à 13 pixels. Désactivez l'option Dynamique de forme dans le panneau des formes (F5) et diminuez la dureté à 20 %. Peignez une zone noire en suivant l'oreille pour accentuer l'orifice. Ensuite, échantillonnez la couleur marron au bord du trou et dessinez doucement les membranes et cartilages comme sur l'illustration. Enfin, placez le calque entre deux couches de fourrure suivant la densité des poils. Pour ma part, j'ai calé le calque "oreilles" entre "poils_8" et "poils_6".

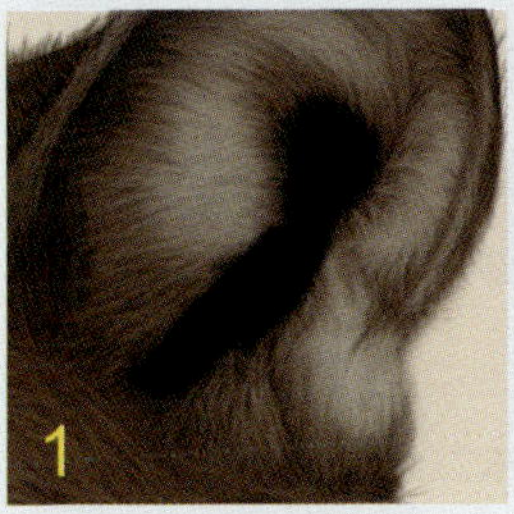

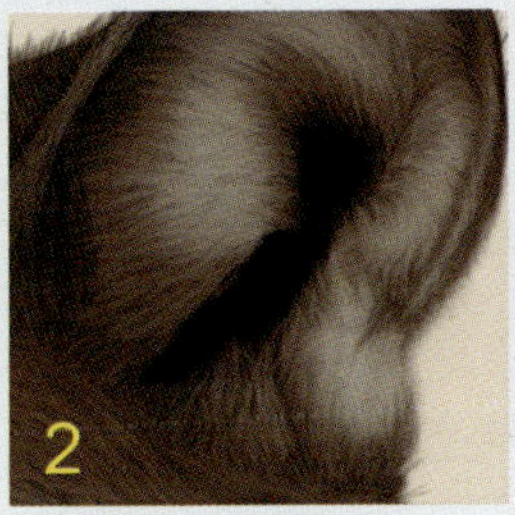

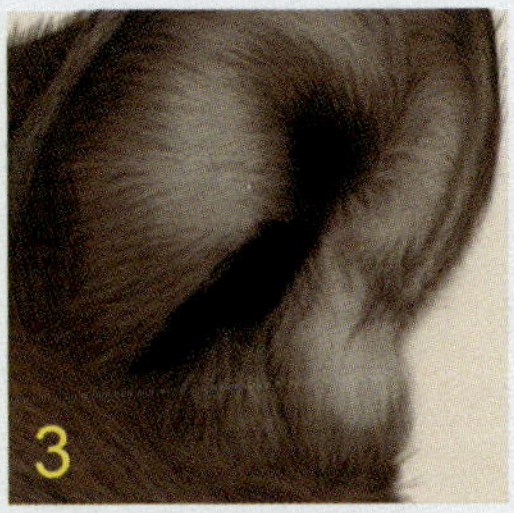

36 LA TOUCHE FINALE

Nous allons simplement ajouter quelques détails à notre loup, comme les moustaches. Créez un dernier calque que vous nommez "détails". Prenez la couleur "PoilsDetails2" et réglez le pinceau comme à l'étape 31. Assombrissez la jonction des lèvres et dessinez de longs poils sur les babines et autour de la truffe. Appuyez fortement sur la tablette en donnant des coups de pinceau très rapides. Les poils doivent déborder la fourrure et donner une impression de rigidité. Augmentez le pinceau de 1 pixel si nécessaire pour tracer les poils les plus longs. Diminuez l'opacité du calque "détails" à 40 %.

37 ORGANISER LES RETOUCHES

L'ensemble de notre portrait est terminé mais il paraît encore un peu plat. Nous devons lui donner plus de volume en ajoutant la lumière et les ombres. Pour commencer, désactivez le calque "fond". Faites une sélection multiple des calques : cliquez sur le premier tout en haut de la pile et pressez la touche Maj en cliquant sur le dernier tout en bas. Fusionnez les calques visibles dans un nouveau calque en pressant les touches Ctrl/Cmd+Maj+Alt/Opt+E. Renommez le calque "loup" et glissez-le dans un nouveau groupe appelé "retouches". Vous pouvez réactiver le calque "fond".

38 MASQUE DE FUSION

Ensuite, créez un masque de fusion en procédant comme suit : appuyez sur les touches Ctrl/Cmd et cliquez sur la vignette du calque "loup" pour créer une sélection du portrait. Allez sur Calque> Masque de fusion> Faire apparaître la sélection. Dorénavant, tout ce que vous peindrez sur le calque ne débordera pas du portrait.

39 AJOUTER LA LUMIÈRE

Augmentez la taille du pinceau à 42 pixels, diminuez la dureté à 5 % et l'opacité à 10 %. Sélectionnez la couleur "PelageClair" et augmentez sa luminance à 95 %. Réglez le mode de fusion du pinceau sur Superposition. Donnez quelques coups sur les joues, le dessus de l'œil et les babines à droite. Pour les tempes et l'encolure, procédez de la même manière mais n'oubliez pas de prélever la couleur et d'augmenter la luminance avant de peindre.

40 AJOUTER LES OMBRES

Cette fois, réglez le mode de fusion sur Produit et augmentez la taille du pinceau à 120 pixels. Sélectionnez un marron très sombre et effleurez la tablette pour poser les ombres à gauche de la tête. N'oubliez pas le crâne et l'intérieur des oreilles, y compris l'oreille droite. Procédez par petites touches successives pour ne pas trop foncer les couleurs. Si vous n'êtes pas sûr de vous, vous pouvez travailler les ombres et zones lumineuses sur des calques séparés et réglant les modes de fusion respectifs sur Produit et Superposition. Une fois les volumes créés, il ne vous reste plus qu'à composer une présentation simple pour habiller votre peinture.

Comparez

Essayez-vous à créer plusieurs textures de fourrure et comparez-les en les plaçant les unes à côté des autres. Repérez celles qui peuvent vous aider dans votre painting. En apprenant à diversifier les rendus, vous arriverez à recréer n'importe quel animal à fourrure.

41 CONCLUSION

Nous avons vu que définir les bonnes couleurs de base était primordial pour ce type de painting. Il n'y a aucune technique miraculeuse quant à la création d'une belle fourrure. Chaque poil est dessiné un à un avec un seul pinceau et le travail augmente lorsque vous multipliez les calques. Le prix à payer pour obtenir un rendu réaliste n'est autre que la patience !

L'ARTISTE
Cyrille Nicoloff
est un infographiste autodidacte de 41 ans vivant en région parisienne. Il a notamment effectué des créations pour des associations sportives et artistiques. Passionné par l'image, il affectionne tout particulièrement le monde de la 2D et de la 3D. Il utilise Photoshop aussi bien que Maya en passant par ZBrush et est en perpétuelle observation du monde qui l'entoure pour le reproduire sur son écran. http://www.nicoloff.net/

Les outils de dessin

Photoshop a débuté sa carrière en tant que logiciel de retouche photo et d'effets spéciaux. Mais petit à petit, les peintres se sont approprié les outils de dessin. L'outil principal dans l'arsenal du peintre numérique est le Pinceau (B), qui est paramétrable comme nous l'avons vu. En faisant un clic long sur cet outil, vous découvrez l'outil Crayon, plus brut que le Pinceau. Photoshop dispose aussi d'une Gomme (E) dotée des mêmes options de paramétrage que le pinceau !

Sous l'outil Dégradé, vous trouverez les outils Goutte d'eau, Netteté et Doigt qui permettent respectivement de flouter, rendre plus nets et étirer les pixels. En dessous, l'outil Éponge permet de désaturer les couleurs. Nous verrons plus loin les outils Densité + et -.
Autre outil intéressant, le Pinceau d'historique. Affichez votre panneau Historique, appliquez par exemple un filtre sur une photo, remontez dans l'historique juste avant l'application de ce filtre, cliquez dans le panneau Historique à gauche du nom du filtre, prenez l'outil Pinceau d'historique et peignez dans votre image. Vous pourrez alors appliquer l'effet du filtre de manière ponctuelle là où vous passerez votre pinceau.

TEKNA

Maîtrisez le dessin et la peinture traditionnelle, et racontez un film.

SUR LE CD : Vous trouverez sur le CD le croquis, l'étude en niveaux de gris et le fichier final avec les calques, pour un usage personnel uniquement.

NOTRE EXPERT
Thierry Maurel

Après une formation artistique aux Beaux-arts et à l'Université de Bordeaux, Thierry a tenté sa chance comme illustrateur traditionnel durant quelques années. Par la suite, il a vécu aux Antilles et visité quelques pays. « Très formateur pour le regard, son nombril et celui de son pays. » De retour en France, l'illustration s'est orientée vers la vidéo plutôt que l'impression. Aujourd'hui, pour lui, la vidéo prime mais au travers du prisme de l'illustration. http://thierry-illustrateur.ultra-book.com/

Cela pourrait déboucher sur une affiche de cinéma. Ici, c'est un peu différent, il vous est proposé de suivre la conception et la réalisation d'une illustration visant à promouvoir un court-métrage : Tekna. Aussi la partie textuelle est-elle réduite à sa plus simple expression. Seul le titre sera envisagé.

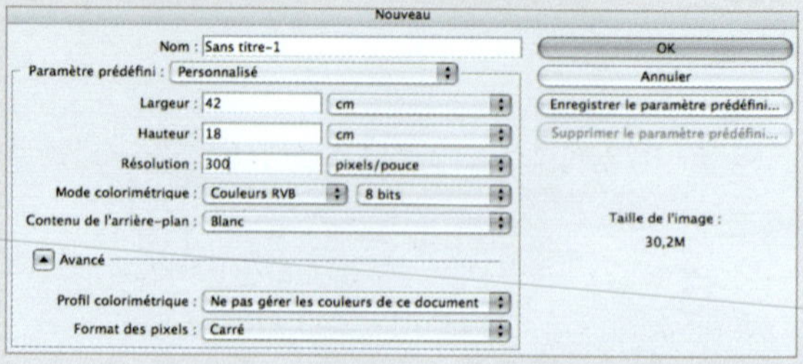

01 MISE EN PAGE

Je crée un fichier dans Photoshop en RVB, pour avoir accès aux filtres. Je règle la taille à 42 x 18 cm à 300 dpi (en prévision de l'impression). L'image ayant pour but de développer plusieurs éléments, le principe d'une frise est adopté. Lecture de gauche à droite dans un cadre rectangulaire proche des formats 16/9e du cinéma... restant ainsi dans la thématique générale. L'image est construite comme un triptyque car cette formule privilégie depuis toujours la narration. Hors, ici, je ne présente pas mais je raconte le propos d'un film. C'est donc une construction basique mais sûre qui apparaît : à gauche les héros, au centre l'action/sujet du court-métrage, et à droite les méchants. Chaque élément est repérable et isolable. La plupart des critères initiaux sont déjà respectés à ce stade.

Brief

Pour faire ce type d'illustration numérique, il faut commencer par se donner des critères bien définis. Le côté BD devra apparaître sous plusieurs formes car le film se déroule durant le Festival de BD d'Angoulême 2010. Ensuite, les protagonistes, l'action, les références seront clairement énoncées pour identification. La sensation du monumental sera essentielle. Techniquement se greffera la possibilité d'utiliser l'image par parties comme dans sa globalité.

02 LE CROQUIS

Prenez un Pinceau (B) basique, rond, 19 points, 10 % d'Opacité et cochez Formes> Dynamique de forme et Autre dynamique, je commence à croquer. Au départ, ça ressemble plus à des vermicelles qu'à des lignes. Toutefois se dégagent les trois zones et une courbe traversant l'espace conduisant le regard et l'espace pour le titre du film. Ce dernier ne sera pas conservé mais c'est cette à étape que l'on éprouve le bien-fondé de ses idées. L'ébauche est primordiale car elle revient à éprouver la solidité d'une corde avant de grimper un à-pic.

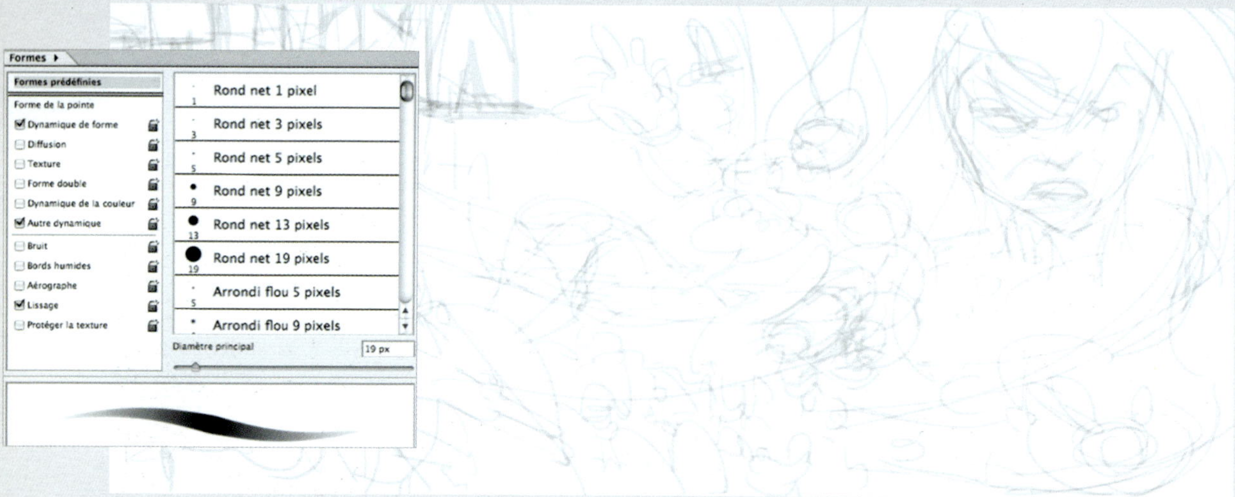

03 “MONTER” LE DESSIN

Grâce aux calques, il me suffit de superposer des tracés de plus en plus précis. L'idée ici n'est pas de gommer mais de créer de nouveaux calques et de n'en conserver que les parties réussies. Ensuite, il suffit de grouper ces calques et de nommer le tout “Traits”. J'ai choisi une solution de sécurité et d'allégement pour ma machine en “enregistrant sous” le développé des calques puis en aplatissant. C'est avec ce nouveau fichier allégé que j'entame la prochaine étape.

04 LES VALEURS EN GRIS

L'illusion de profondeur, le fait de bien détacher chaque élément pour la lisibilité maximale, la hiérarchisation de ces mêmes éléments pour “lire” l'image, commence maintenant. Ici, on verrouille l'efficacité même de l'image. À ce stade, on peut montrer à des proches pour voir leurs réactions. Ça ne trompe pas en général. Techniquement, il suffit de reprendre le même principe que pour les traits. Choisir une forme basique ronde avec les mêmes spécificités mais qui fluctuera entre 30 et 80 points selon les besoins. On n'efface pas avec la gomme. Au besoin on remonte dans l'historique. Le critère essentiel de la création des calques est surtout celui des plans : premier plan, arrière-plan, etc. Nota bene : ici, la maîtrise de la pression de la plume avec le stylet de la tablette est essentielle.

05 LE TRAIT DE CONTOUR 1/3

Le parti pris BD revient en force. Cette étape, pour cette illustration-ci, est capitale car nous allons pouvoir donner un cachet typique : le trait noir. L'image en notre possession est loin d'être correcte mais c'est un excellent filet… impossible de s'égarer désormais. Pour la rendre perfectible, il faut avoir un meilleur dessin sur lequel nous allons pouvoir "accrocher" un encrage. Les photos de tournage serviront de références mais ne seront en aucun cas "rotoscopées". Même technique avec le même outil, une simple forme ronde. Comme vous pouvez le voir dans le développé des calques, ils sont groupés et nommés. Les calques qui ne sont pas nommés sont temporaires. Ceci est très important car c'est le genre d'images qui voit le nombre de calques croître exponentiellement.

06 LE TRAIT DE CONTOUR 2/3

Voilà la totalité de l'image dessinée réellement… mais en gris. Commence alors un traçage identique à celui d'un dessinateur de BD. Je crée un calque au-dessus du groupe contenant mon tracé gris et je clique sur l'icône de protection en verrouillant le groupe. Toujours avec cette forme à 19 points, ou plus petite si besoin, je vais modifier l'Opacité pour la mettre à 100 %. Grâce à la tablette, je conserve ma liberté de pression et de transparence du trait (Dynamique de forme). Il n'y a plus qu'à…

« L'image en notre possession est loin d'être correcte mais c'est un excellent filet… impossible de s'égarer désormais. »

07 LE TRAIT DE CONTOUR 3/3

Si le stylet est un outil parfait pour le geste libre, il en existe d'autres dans Photoshop bien plus adaptés pour réaliser des lignes à caractère géométrique. Je prends alors la Plume (P) grâce à laquelle je vais pouvoir créer des lignes vectorielles contrôlables par des poignées. Une fois la Plume sélectionnée, dans le panneau Calques, je clique sur l'onglet Tracés. Là, je sélectionne le tracé en cours. En haut à droite, il faut cliquer sur le petit triangle et choisir Contour du tracé. Un menu contextuel apparaît présentant votre dernier outil de traçage (nous, c'est la forme) et une coche permettant de simuler les pleins et les déliés. Ici, on laisse décoché. Comme par magie, un magnifique trait apparaît de l'épaisseur de la forme. Attention à bien choisir en amont.

08 PLACE À LA COULEUR !

À ce stade, j'enregistre et je crée un nouveau fichier PSD contenant les traits en gris et en noir sous forme de calques. Je commence par recouvrir le blanc de plages de couleurs uniformes à 100 % d'Opacité. À gauche les couleurs lumineuses et chaudes, à droite les couleurs froides et sombres et au centre un mélange des deux. Ainsi je conserve la structure initialement choisie en la renforçant par un codage de couleurs simples (héros/clair, méchant/sombre) que l'on retrouve dans La Guerre des étoiles par exemple. De cette manière, le trait, la couleur mais aussi la recherche des valeurs demeurent unitaires autant que possible. Chaque élément concourt à exprimer la même chose.

09 OMBRE ET LUMIÈRE

Comme l'encrage est très présent, je travaille avec le calque de traits gris que j'ai mis en haut de la pile en mode Produit. Sur mon deuxième écran, je laisse ouvert une capture d'écran montrant l'image en valeur de gris (étape 04)... comme référence à ne pas perdre. Je crée un calque "ombre" que je place au-dessus de la couleur puis un autre que je nomme "lumière". Commence alors grossièrement l'ambiance lumineuse de l'image et la mise en place rapide des volumes des divers objets. Je choisis mes couleurs très simplement. Je prends la même forme à 100 % puis je sélectionne une couleur en appuyant sur Alt. Dans le sélecteur, je fais varier la luminosité de la couleur choisie.

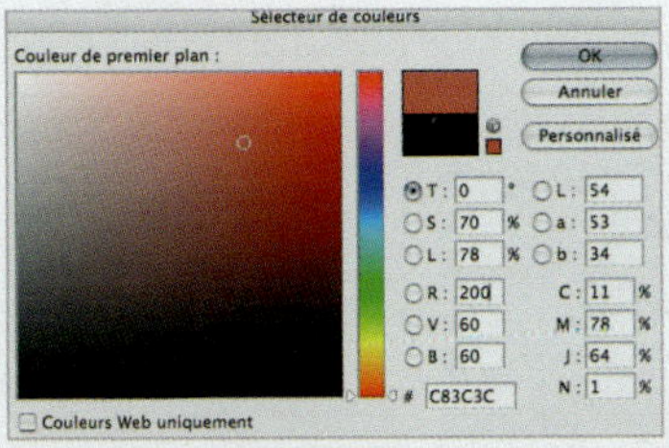

10 LE MODELÉ 1/2

Une fois toute l'image "éclairée", je peux entamer vraiment la peinture car jusqu'ici je n'ai fait que la préparer. Nous avons besoin d'un modelé franc, vigoureux et surtout synthétique comme il s'en trouve en BD. Pour cela, je fais fluctuer la même forme ronde entre 25 et 60 points à 20 % d'Opacité environ sur un calque au-dessus de l'ombre et la lumière. Grâce à la Pipette, je ponctionne de la couleur. Ensuite, tout le secret est de peindre dans le sens du volume et non au hasard.

11 LE MODELÉ 2/2

Pour le portrait féminin, je veux faire ressortir le côté lumière néon, ambiance feutrée informatique. Je choisis simplement une forme arrondie flou de 65 pixels en cochant Dynamique de forme et Autre dynamique. Ainsi la couleur s'étalera en douceur, notamment aux franges de la trace. C'est ce qui donnera cette lumière blanchâtre typique à condition de conserver un contraste important des valeurs entre l'ombre et la lumière. Bien sûr, c'est un calque supplémentaire.

12 ORGANISATION DES CALQUES

Le groupe Couleur01 contient les calques de couleurs qui font la mise en place des éléments colorés par plages, par ombres et lumières et par qualités chaud/froid. C'est l'ébauche de couleur. L'autre groupe contient les modelés, les rehauts, les textures, les passages d'une couleur à l'autre, les modulations dans une même tonalité.
Cette image est structurée en strates : du global vers les détails et cela à tous les niveaux.

13 MODULATIONS D'UNE TONALITÉ

Ici, avec une forme ronde et une opacité n'excédant pas les 30 %, j'ai piqué des couleurs environnantes. Le but est de créer une "vibration" colorée sans pour autant modifier la valeur (de gris) globale de l'espace qu'ici j'ai baptisé "panique". Ainsi, le modelé apparaît tout de même mais aussi des "passerelles" colorées jouxtant celui traité. Il est alors possible de préserver une unité d'ensemble. L'aspect brut est ici volontaire pour tenter de garder de la violence comme de l'anonymat.

« À ce stade de l'illustration, il faut peaufiner l'aspect texture de l'image. »

14 L'ÉCLAIRAGE

Ici, l'éclairage se distingue de la lumière par le fait qu'il traite la totalité de l'image en une fois. La vision d'ensemble est privilégiée maintenant que les détails sont présents. Le but est d'affermir le climat présent et d'unifier au maximum l'image. Pour cela, je crée un nouveau groupe au-dessus de la pile que je nomme "dégradés". À l'intérieur, je crée des calques de dégradés avec des masques. De cette manière, je me réserve la possibilité d'ajuster pour chaque calque la transparence, le mode de fusion mais aussi quelle partie de l'image est affectée (via les masques).

15 LES DÉGRADÉS

L'outil Dégradé (G) est utilisé deux fois par calque : une fois avec des couleurs, une fois pour le masque attaché. Pour le calque dégradé inférieur, du bruit a été ajouté afin de "salir" l'image hors zone de lumière (centre de l'illustration). Le mode de fusion est choisi selon que je veux accentuer la profondeur des tons (Produit) ou le contraire (Incrustation par exemple). En opacifiant plus au moins le calque, j'ajuste précisément jusqu'à obtention de l'ambiance désirée.

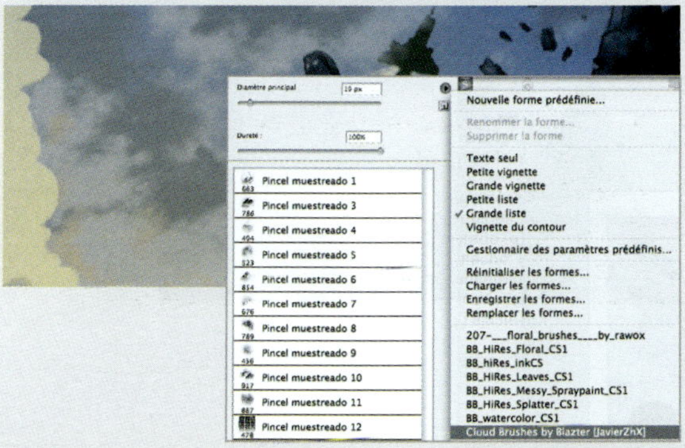

16 LES EFFETS : LE CIEL

À ce stade de l'illustration, il faut peaufiner l'aspect texture de l'image. Commençons par le ciel. Des formes spéciales de nuages (clouds) récupérées dans un CD de la revue Advanced Creation ont permis d'avoir beaucoup plus de réalisme. J'en ai choisi une avec une forme plus ramassée. Vous en trouverez de nombreuses sur le Net. Dans un premier temps, avec une Opacité à 100 %, sur un calque spécifique, j'ai peint cette zone qui jusqu'à présent était restée intacte sous forme d'ébauche. Ensuite, en réduisant l'opacité et la taille du pinceau, j'ai modelé l'ombre et lumière à ma guise.

17 LES EFFETS : STYLE BD

À droite, deux avions traversent l'image ; c'est l'occasion de faire référence à la BD par les traits de vitesse mais aussi par les aplats de couleurs au niveau de la fumée (en totale contradiction avec l'étape précédente). Comme à l'étape 7, j'ai réutilisé les vecteurs en prenant la Plume (P). Après avoir fait une courbe adéquate, j'ai déterminé la forme. Ici la couleur (premier plan) est celle du chasseur et, dans le panneau Formes, j'ai coché Autre dynamique. J'ai sélectionné le tracé puis Contour du tracé et, cette fois-ci, j'ai coché Simuler la pression pour obtenir un magnifique plein et délié.

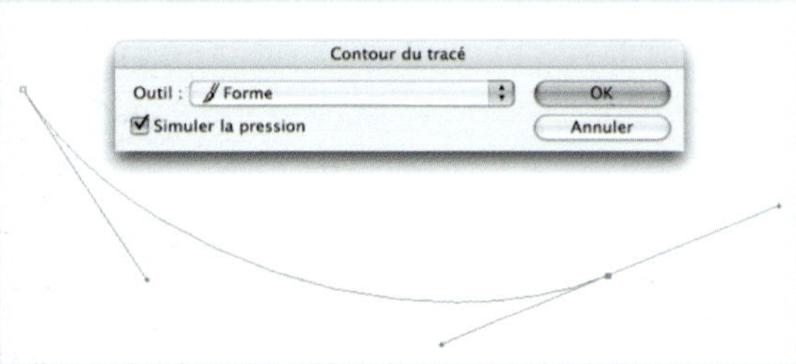

18 LES EFFETS : MÉTAL

L'image est presque terminée hormis quelques détails. Pour appliquer les futurs effets, je crée un nouveau fichier, le troisième, et j'aplatis. C'est nettement plus léger et je peux désormais me rendre dans la Galerie de filtres (menu Filtres). Parfois, elle se révèle gourmande en ressources. Avec l'outil Rectangle de sélection (M), je délimite le robot sur une copie de calque et, après quelques réglages, j'obtiens une image en niveaux de gris qui effectivement ressemble à du métal chromé repoussé. En l'état, ce n'est d'aucune utilité ici. Il faut d'abord passer en mode Incrustation et, si besoin, jouer avec l'opacité. Ensuite, créez un masque pour éliminer les débords. C'est facile car en conservant la sélection rectangulaire, il suffit de cliquer sur l'icône Masque située en bas du panneau Calques. Un masque se lie à l'image pour ne faire apparaître que la sélection. Ensuite, dans le masque, il suffit de peindre en noir les zones qui ne nous intéressent pas. L'effet est discret mais rien à voir avec ce qui l'entoure.

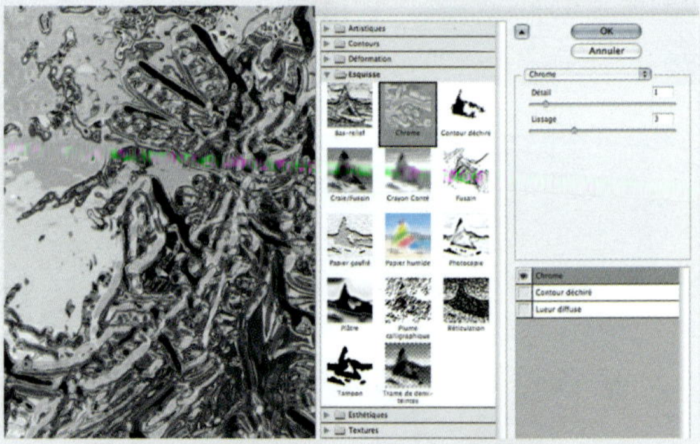

« Dans le masque, il suffit de peindre en noir les zones qui ne nous intéressent pas. L'effet est discret mais rien à voir avec ce qui l'entoure. »

19 AUTRES EFFETS

Cette illustration intègre d'autres effets plus classiques et faciles à réaliser. Tous sont créés avec la galerie de filtres. Pour donner un côté imprimerie, BD oblige, l'effet de trame de demi-teinte est utilisé. Pour accentuer une atmosphère SF, les écrans du personnage (en bas à droite) dans leur poste de commande ont subi un style Lueur diffuse. Enfin, au final, les Niveaux et les Courbes ont été réglés afin de diminuer le côté jaunâtre désagréable sur la gauche.

20 IMAGE FINALE

L'image et quasi terminée. Une dernière et ultime astuce avant de passer du mode RVB au CMJN pour l'impression. Sur un calque, en haut de la pile, remplissez de noir. Évidez à l'aide de l'outil Ellipse de sélection (M). Le contour progressif dans le menu Sélection est réglé à 70 par exemple. Le calque est passé en mode Produit et, en réduisant l'Opacité, on obtient une ombre de bon aloi, bien inquiétante. Elle a l'avantage de ramener l'intérêt vers le centre de l'image. C'est terminé, il n'y a plus qu'à aplatir… Non sans avoir fait une copie de sauvegarde auparavant !

L'ARTISTE
Thierry Maurel

Après une formation artistique aux Beaux-arts et à l'Université de Bordeaux, Thierry a tenté sa chance comme illustrateur traditionnel durant quelques années. Par la suite, il a vécu aux Antilles et visité quelques pays. « Très formateur pour le regard, son nombril et celui de son pays. » De retour en France, l'illustration s'est orientée vers la vidéo plutôt que l'impression. Aujourd'hui, pour lui, la vidéo prime mais au travers du prisme de l'illustration. http://thierry-illustrateur.ultra-book.com/

Les filtres

Photoshop possède de nombreux filtres, et cela depuis sa toute première version. En matière de dessin et de peinture, Photoshop dispose de la Galerie de filtres dans le menu Filtre. Ils sont ici classés par genres : Artistique, Contours, Déformation, Esquisse, Esthétiques et Textures. Évitez toutefois de vous en servir pour transformer une photo en dessin directement. Essayez plutôt de les utiliser pour créer des effets légers, des textures, etc.

Parmi les autres filtres, en voici quelques-uns plutôt intéressants :

FLUIDITÉ

Ce filtre est plus un outil qu'un effet. À travers son interface, vous pouvez déformer les pixels dans tous les sens de manière assez naturelle, surtout si vous avez une tablette graphique. Idéal pour les caricatures et formes organiques.

POINT DE FUITE

Un autre filtre qui est plutôt un outil. Il permet de placer ou corriger des éléments en perspective grâce à la création de grilles, une fonction pratique pour débuter des paysages par exemple.

Ajout de bruit. Vous pouvez rendre une peinture plus réaliste en lui ajoutant un peu de bruit.

SUR LE CD : Vous trouverez sur le CD le fichier PSD regroupant tous les calques nécessaires au départ : croquis, grilles de perspective, nuancier et premières couleurs. Un second croquis, fourni séparément, a été réalisé pour visualiser l'ensemble des composantes de la scène. Enfin, l'image finale est également fournie pour que vous puissiez la décortiquer et l'analyser.

NOTRE EXPERT
Cyrille Nicoloff *est un infographiste autodidacte de 41 ans vivant en région parisienne. Il a notamment effectué des créations pour des associations sportives et artistiques. Passionné par l'image, il affectionne tout particulièrement le monde de la 2D et de la 3D. Il utilise Photoshop aussi bien que Maya en passant par ZBrush et est en perpétuelle observation du monde qui l'entoure pour le reproduire sur son écran. http://www.nicoloff.net/*

WADRY LANDSCAPE

Apprenez à créer une peinture digne des plus belles illustrations de SF.

« L'empilement à outrance est nuisible au confort. »

Qui ne s'est jamais surpris à rêver devant ces mondes magiques et lointains créés par les illustrateurs ? La contemplation de ces belles créations, presque toutes issues du vaste monde de la fantasy et de la science-fiction, nous amène un jour à la secrète remarque : *« J'aimerais tellement pouvoir créer une telle œuvre ! »* Si vous êtes habité comme moi par un besoin constant de créer, vous vous lancerez un jour pour relever le défi. Dès lors, vous entrerez dans un monde de découvertes. Votre technique de travail sera dirigée par le souci du détail pour accroître le réalisme de votre peinture. C'est un travail long et beaucoup plus complexe à réaliser mais ô combien enrichissant !

N'hésitez pas à créer l'histoire de votre image. Bien que Wadry soit inspirée d'un livre sur les techniques d'illustration de SF, elle n'en demeure pas moins une illustration à thème : la découverte d'un autre monde où le sol est aride et les chutes d'eau majestueuses. Peinture d'une planète que l'homme cherche depuis trop longtemps, Wadry représente l'instant d'une terre encore vierge qui s'apprête à être foulée.

Le croquis est toujours le guide de départ qui m'aide à jeter les premières couleurs. Je suis ce croquis jusqu'à ce que les premières formes apparaissent. En vous jetant dans ce challenge, vous apprendrez pas à pas les techniques de rendu pour chaque élément : roche, sol, nuages et chutes d'eau, avant de passer à la phase ultime : l'ajout des détails.

01 LES CALQUES ET FICHIERS

Durant toute la réalisation du paysage, nous devons créer un certain nombre de calques. Certains travaillent longuement sur le même, c'est un peu mon cas. D'autres multiplient et empilent à chaque miniétape. Quelle que soit votre méthode de travail, pensez à organiser vos calques. Si vous en créez plusieurs pour la réalisation d'un seul élément, stockez-les dans un groupe. Donnez-leur également un nom à chacun sous peine de vous perdre rapidement.
Enfin, sachez que l'empilement à outrance est nuisible au confort d'utilisation. En effet, accumuler les calques ralentit votre ordinateur et alourdit la charge de travail du microprocesseur. Dès que possible, aplatissez les différents calques d'un même élément. Lorsque vous pensez avoir terminé une étape importante de votre création, incrémentez vos sauvegardes : nommez explicitement et numérotez le nom du fichier PSD pour mieux le retrouver (ex. "wadry10_montagnes2.psd").

02 CONSTITUER VOTRE PROPRE NUANCIER

Il existe une méthode simple pour trouver les nuances à utiliser. Prenez une photographie s'approchant de votre thème, comme un paysage, une ville, etc. et changez l'ambiance des couleurs avec les fonctions Courbes ou Balance des couleurs. Floutez l'image et repérez les couleurs maîtresses. Prélevez les valeurs-clés mais restez sur une base de trois ou quatre couleurs au maximum par élément. Vous éviterez ainsi de vous perdre dans des teintes trop complexes.

03 LE MODE 16 BITS

Ce mode est très utile pour élaborer des dégradés propres, surtout lorsque vous souhaitez des nuances au sein d'une gamme de tons restreinte (par exemple entre un rose pâle moyen et un rose pâle clair). Travailler en 16 bits nécessite tout de même une machine puissante lorsque la taille et la résolution du document sont grandes. Quand vos nuances sont correctes, repassez l'image en 8 bits avant de reprendre votre peinture.

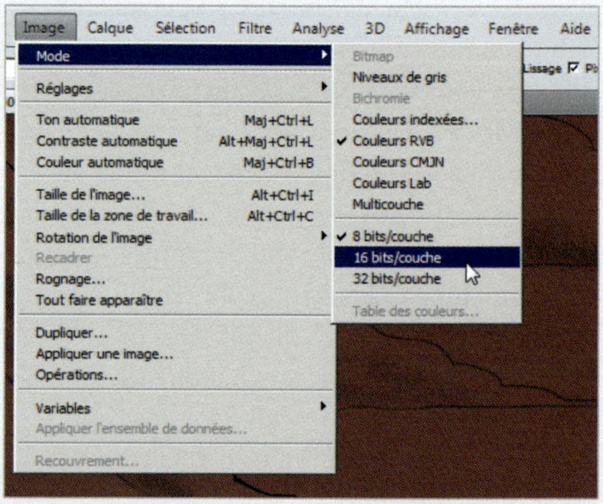

04 LES GRILLES DE PERSPECTIVE

Si vous souhaitez garder une cohérence entre toutes les composantes de votre image, il est conseillé de créer une grille pour chaque plan ayant une perspective différente. En suivant le quadrillage d'un plan donné, vous n'aurez pas à vous soucier des directions et proportions. Les grilles de perspective sont une aide visuelle précieuse dans ce type de peinture.

« Travailler en 16 bits nécessite une machine puissante lorsque la taille et la résolution sont grandes. »

05 LE CIEL

En passant l'image en 16 bits, j'ai fait une sélection complète du ciel jusqu'à la ligne d'horizon du croquis. La sélection a été remplie d'un orange soutenu avec les valeurs R=219, V=105, B=65. En gardant la sélection active, j'ai créé un nouveau calque pour la source de lumière. Avec l'outil Dégradé radial, j'ai choisi comme couleur de départ R=255, V=214, B=177 et le fond orange comme couleur d'arrivée. Pour un dégradé parfaitement aligné, maintenez la touche Maj appuyée et tracez le dégradé horizontalement depuis le coin supérieur droit jusqu'au premier tiers de l'image. Après plusieurs essais, les calques ont été aplatis une fois que le recouvrement m'a semblé correct.

Il a fallu ensuite étendre un peu la lumière dans certaines zones comme celle de l'horizon. Pour cela, vérifiez que la couleur d'avant-plan est bien la même que celle du soleil et choisissez une forme ronde et très douce. Toutes les options de formes doivent être désactivées, il faut simplement réduire l'Opacité du pinceau entre 10 et 20 % dans la barre d'options. Comme sur la capture, j'ai ajouté quelques nuances plus claires autour du dégradé sur un nouveau calque. Je me suis contenté d'étendre la lumière et sans trop en rajouter. Lorsque le ciel m'a paru convenable, j'ai aplati la pile des calques du ciel et repassé l'image en 8 bits.

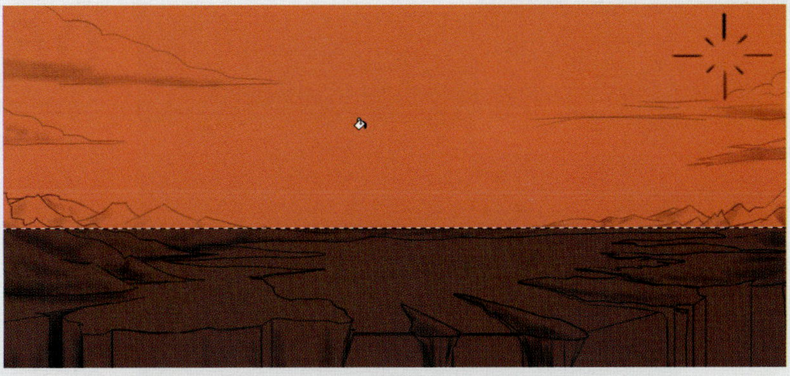

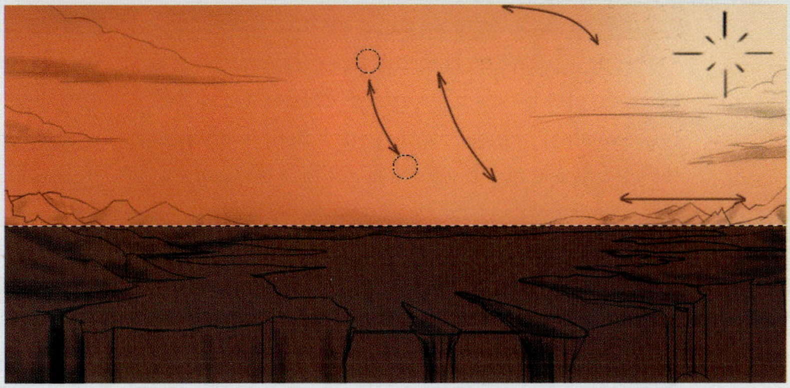

Ménager sa machine

Comme déjà écrit dans ce tutoriel, évitez l'empilement des calques. Fusionnez-les dès que possible. Contrairement aux idées préconçues, il est plus rapide d'appliquer des corrections sur un ensemble d'éléments fusionnés.

06 LES PREMIÈRES COULEURS

Puisez dans votre nuancier pour “jeter” les premières teintes. Il faut suivre le croquis sans entrer dans le détail. Il s’agit ici de créer la base. Utilisez une forme large avec une dureté moyenne pour commencer et procédez élément par élément : d’abord les parties gauche et droite du sol, les nuages pour fixer l’éclairage ambiant, puis les montagnes en partant de la plus éloignée pour arriver à la falaise gauche. Je continue ensuite en dessinant chacune des formes avec sa propre couleur de base. J’ai utilisé ce procédé pour chaque montagne sur des calques distincts. Il ne me restait plus qu’à cacher les éléments gênants avant de peindre mon relief sur un calque d’écrêtage.

07 LES FORMES LOINTAINES

J’ai activé le calque de la montagne lointaine et masqué les formes des montagnes proches. Dans le nuancier “montagnes1”, j’ai sélectionné la couleur des lumières avant de commencer à peindre les zones claires. À vous de jouer sur l’opacité de la forme en exerçant une pression plus forte sur les arêtes et les crêtes. Votre relief va ainsi prendre forme petit à petit et donner du volume à la montagne. Si la couleur est trop forte, n’hésitez pas à baisser l’opacité de la forme. Enfin, j’ai achevé cette première montagne en plaçant les ombres sans oublier que cette partie du paysage est lointaine. Les ombres doivent donc être dures et à peine plus sombres que la couleur de base. Dans les zones baignées de lumière, j’ai peint des ombres très chaudes et teintées de rouge, comme sur la partie inférieure à droite. Aidez-vous en traçant un trait entre le soleil et votre montagne pour symboliser les rayons de lumière. Ce sera un guide de plus et les zones sombres seront ainsi plus cohérentes, mettant en valeur les reflets du relief. À la fin, j’ai fusionné les calques de la montagne.

08 COULEURS DE FOND

Après avoir affiché le calque où se trouve la forme de la seconde montagne, j'ai créé un nouveau calque d'écrêtage par-dessus. Avec le nuancier “montagnes2”, j'ai défini les couleurs générales en suivant grossièrement la forme. Plus le relief est en altitude, plus les couleurs sont douces et désaturées pour interagir avec la couverture nuageuse. Les parties basses sont plus éclairées et plus vives. À ce stade, concentrez-vous sur les dégradés entre les teintes. Utilisez une forme ronde et très douce avec une opacité moyenne et effleurez la tablette entre chaque teinte. En cas de débordement, repeignez par-dessus après avoir repris la couleur dans une zone voisine. J'utilise rarement la Gomme.

09 LES LUMIÈRES

Sur un nouveau calque d'écrêtage, j'ai posé les hautes lumières au pied de la montagne. Ici, il faut utiliser la même technique que pour le relief lointain. Je peins en partant du bord et en poursuivant vers le haut. Ajouter quelques zones claires indépendantes fera également varier les formes de la montagne. Si vous vous laissez guider par votre main, vous allez voir apparaître les formes dans les formes : les creux, les bosses, les failles, etc.

10 FINALISATION ET INTÉGRATION

La richesse de la peinture dépend aussi des détails situés dans les ombres. Nous ne pouvons plus ajouter de lumière dans la partie inférieure de la montagne. La technique de travail va donc changer. J'ai activé le panneau Formes (F5) pour prendre la Craie et régler sa taille et son opacité sur Pression de la plume. De retour sur l'image, j'ai échantillonné une couleur sombre avec la touche Opt/Alt enfoncée comme sur la capture pour tracer quelques ombres dans les zones qui sont plus claires juste au-dessus. De cette façon, je me sers des parties foncées pour créer les détails dans les zones supérieures qui sont généralement plus lumineuses. À ce stade, soyez vigilant : ne surchargez pas car la lumière doit dominer. J'ai utilisé la même méthode pour le bas de la montagne. La base a été intégrée en échantillonnant les couleurs présentes dans les ombres et en débordant doucement sur le sol. Plus l'opacité est faible, plus l'intégration de la montagne dans le sol semble naturelle.

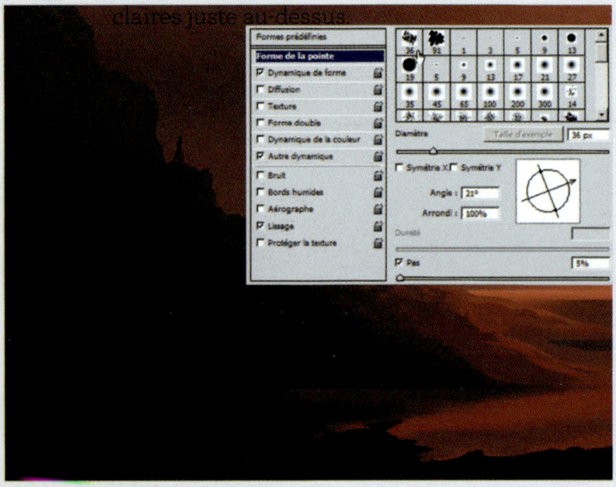

La technique d'inversion

Cette méthode est souvent utilisée par les matte painters et illustrateurs. Elle consiste à inverser l'image horizontalement pour vérifier la perspective, la cohérence des composantes de la peinture et révéler les défauts de l'image. Elle permet ainsi de voir votre œuvre d'un autre œil et s'avère être très efficace comme moyen de contrôle. Je vous recommande de "flipper" régulièrement votre composition, même pour peindre. J'ai constaté que je ne dessinais pas les mêmes choses lorsque mon document était inversé. Surtout pour les détails comme les craquelures de surface, les montagnes ou les courants du fleuve.

11 FORMES ET TEINTES

Pour les montagnes du premier plan, j'utilise une technique commune. Je fais varier les formes dans les ombres et les hautes lumières pour donner une autre apparence. La différence se trouve dans la quantité plus importante de détails. Activez le calque comportant la forme montagne3. Désactivez l'option Variation de l'opacité dans le panneau Formes et modifiez la couleur de base pour qu'elle se confonde avec celle des ombres situées à la base de la montagne2. En procédant ainsi, vous allez faire "suivre naturellement" la couleur sur un relief complètement différent.

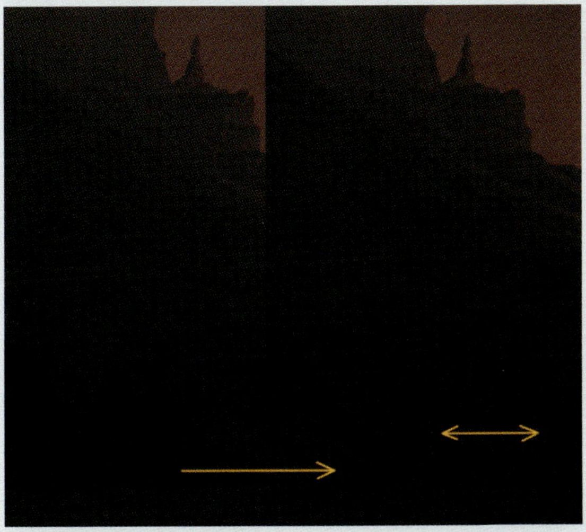

12 DONNER LE RELIEF

Pour cette étape, j'ai réactivé Variation de l'opacité de la forme. J'ai aussi gardé une opacité moyenne, ce qui m'a permis de multiplier les coups de pinceaux. Après avoir sélectionné la couleur moyenne du nuancier "montagne3", j'ai commencé à peindre. Mes coups de pinceau devaient suivre le sens du relief que j'avais imaginé. J'ai laissé faire ma main. Si vous agissez ainsi, vous allez découvrir petit à petit la future forme que prendra votre roche. Insistez plus sur les parties exposées à la lumière du soleil.

13 TRAVAILLER LES DÉTAILS

Il reste à ajouter les détails, un travail minutieux. J'ai joué sur les lumières et les ombres pour "sculpter" la roche. Ne détaillez pas trop ! La partie cerclée montre qu'il y a autant de détails en haut qu'au pied de la montagne. Sur la seconde capture, cela a été corrigée en échantillonnant la couleur d'une plaque de terre avant de repasser sur les ombres. J'ai ainsi fusionné quelques éléments de roche entre eux pour les agrandir.

14 LA FINALISATION

Toujours en tenant compte de la direction de la lumière, quelques coups de pinceau ont été ajoutés sur les arêtes telles que les plaques de roche, la crête et les pics de la montagne. Une forme à opacité moyenne avec une taille fixe m'a permis d'intégrer la montagne au sol en prolongeant sa couleur à la base. Puis j'ai réactivé la Variation de la taille pour tracer des flux de lumière très légers sur le sol. J'ai fait de même avec quelques ombres, ce qui ajoute de la texture. Encore une fois, n'allez pas trop loin dans les ombres, il s'agit simplement d'intégrer une base au relief. Lorsque j'ai fini cette partie, j'ai aplati tous les calques de la montagne.

15 MONTAGNE FINALE

Le même procédé a été utilisé pour réaliser la dernière montagne avec le nuancier "montagnes4". J'ai orienté les ombres et lumières pour lui donner une apparence d'étirement vers le haut à gauche. Ici, les détails sont encore plus présents. Il fallait beaucoup de détails dans cette zone. J'ai donc ajouté des parties qui semblent s'être détachées de la paroi rocheuse comme des plaques ou des rochers de petite taille. Enfin, j'ai réservé une partie très ombrée sur la gauche afin de donner du volume à la pente. À ce stade, la pente a été prolongée pour la faire tomber en falaise. J'ai ajouté quelques blocs rocheux et plats autour de la base sur un calque inférieur. J'ai ensuite continué la roche verticalement en peignant quelques aplats avec une forme large et dure sur la partie faiblement éclairée. Avec une teinte plus sombre, d'autres aplats sur les parties plongées dans l'ombre ont été ajoutés. Pour encore plus de détails, j'ai repassé le pinceau sur les arêtes tombantes avec une forme réglée sur Variation de la taille. Il ne reste plus qu'à tracer quelques traits lumineux sur les arêtes pour leur donner un aspect tranchant. Surtout sur les éléments exposés à la lumière.

16 CRÉATION DES PLATEFORMES

Avant de commencer le détail des parois verticales, j'ai disposé quelques plateformes sous le bord de la falaise. Sur un calque séparé, je dessine la forme globale. J'active également les grilles de perspective pour rester sur l'horizontalité du plan de sol lors de la transformation.

17 LA DISPOSITION

Lorsque la transformation me convient, je dispose la forme soigneusement sous le bord de la falaise. Ensuite, il ne sera plus possible de la changer de place. Je dessine deux autres plateformes à des hauteurs légèrement différentes pour habiller la paroi.

18 LES OMBRES ET LUMIÈRES

Ensuite, les ombres et lumières sont jetées sur la plateforme. À cet instant, la disposition est bloquée par les ombres provenant du bord de la falaise. Utilisez la couleur sombre de la paroi avec une forme à opacité moyenne et estompez le fond de la plateforme.

Lab

Lorsque vous cherchez une teinte plus claire ou plus foncée pour créer des ombres et des lumières, passez par le mode Lab dans le sélecteur de couleur. Il vous suffira de cocher la luminosité et de déplacer le curseur pour rester dans la même teinte.

19 FUSION AVEC LA ROCHE

En utilisant les couleurs du sol et de la falaise, j'intègre la plateforme à la roche en ajoutant de la texture sur les parties exposées au soleil. Je vais un peu plus loin en dessinant quelques craquelures de surface juste au-dessus de la plateforme. Le résultat doit donner l'impression qu'un étage a été naturellement créé dans la paroi.

20 ANFRACTUOSITÉS

Pour la falaise frontale, le travail s'effectue sur deux couleurs. J'ai pris la couleur du fond de la falaise pour l'assombrir. Réglez Variation de l'opacité et de la taille sur Pression de la plume. La paroi est travaillée en traçant les fissures verticalement, puis les trous et décrochés de pierre. Tenez compte des plateformes pour dessiner leur prolongement vers le bas de la falaise. Faites travailler votre imagination et restez logique. Vous devez révéler la roche rien qu'en dessinant ses ombres. J'ai ajouté une touche finale en éclaircissant très légèrement les arêtes tranchantes qui sont susceptibles de recevoir la lumière.

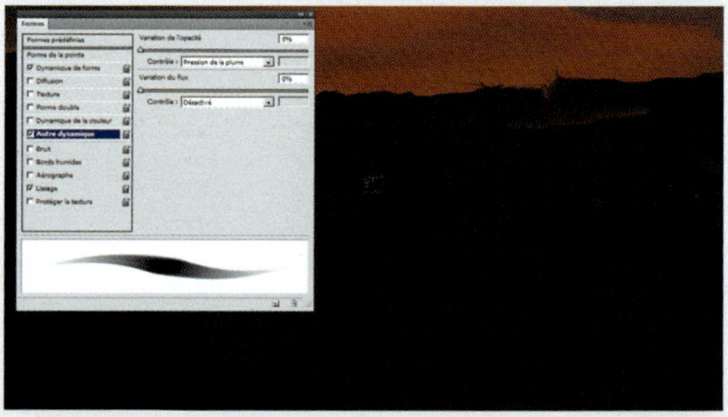

21 LES PICS

Pour ajouter une variation à ce relief, j'ai ajouté deux pics de surface. Je les ai ensuite prolongés vers le bas pour évoquer un autre type de roche à cet endroit. La technique est celle utilisée sur la paroi et j'ai éclairci les pointes qui jalonnent l'arête. En procédant ainsi, je peins en faisant en sorte que l'angle émerge de la falaise et ajoute un volume rocheux supplémentaire vers l'observateur.

« Tenez compte des plateformes pour dessiner leur prolongement vers le bas de la falaise. »

22 LES FORMES PAR LES OMBRES ET LUMIÈRES

Ici, j'ai repris les couleurs de la falaise frontale pour révéler les différentes roches. Je n'ai peint que les angles recevant la lumière et j'ai intensifié les arêtes avec une couleur prise sur le sol. Pour les arêtes, j'ai utilisé une forme très fine avec une opacité moyenne. Comme le montre la capture, les angles accrochant la lumière s'adoucissent vers le bas.

24 TOUCHE SUPPLÉMENTAIRE

C'est aussi le bon moment d'ajouter votre touche personnelle. Jusqu'à présent, il fallait donner un aspect rocheux à la paroi. Laissez-vous guider par votre inspiration si elle vous suggère d'ajouter d'autres éléments comme un pic, une grotte ou bien une autre plateforme... Il y a maintenant assez de couleurs sur la paroi. Servez-vous-en pour apporter les détails que vous souhaitez. Il faut simplement respecter les tons des ombres et lumières.

« La lumière accroche plus sur les arêtes tranchantes, ajoutez-en sur ces parties. »

23 APPROFONDIR LA GÉOMÉTRIE

Lorsque les formes principales sont peintes, je place l'ombre du bas. Sa teinte pourra être reprise par la suite lorsque j'ajouterai les détails à la falaise.

25 LES DÉTAILS

Ajoutons les derniers détails comme les fissures. Certains blocs de roche se sont détachés depuis peu et présentent donc des angles saillants. La lumière accroche plus sur les arêtes tranchantes, ajoutez-en sur ces parties.

« Les reflets sont ajoutés avec une forme douce afin de respecter l'ambiance brumeuse. »

26 COULEUR DE L'EAU

La tonalité du fond a été définie par un mélange de bleu profond (l'eau) et l'éclairage ambiant (orange). La couleur qui en résulte a été ensuite modifiée à l'aide de la fonction Courbes pour s'harmoniser avec l'ensemble de la scène.

28 LES COURANTS

Une fois les reflets et les variations de couleurs posés, j'ai ajouté les courants d'eau qui apportent une texture et une dynamique au fleuve. Avec une forme fine, j'ai tracé des teintes plus claires de façon aléatoire sur un nouveau calque. Il faut tenir compte de la teinte du calque inférieur et l'éclaircir avant de peindre une zone de courants. Je me laisse guider par ma main tout en respectant le sens du déplacement de l'eau.

27 VARIATIONS AMBIANTES

Les reflets importants se trouvent sous la source lumineuse et s'estompent lentement pour rejoindre l'horizon. J'ai aussi tenu compte des trous dans les nuages sur la gauche qui laissent entrevoir le ciel. C'est aussi une source de lumière qui se reflète dans la partie du fleuve située à la verticale au-dessous. Ces reflets sont ajoutés avec une forme douce afin de respecter l'ambiance brumeuse.

29 L'ARRIVÉE SUR LES CHUTES D'EAU

Enfin, sur un autre calque, j'ai peint l'amorce des chutes en créant quelques remous. Je pars du bord de la falaise avec une teinte rose pâle pour rejoindre les courants en appliquant une opacité progressive. Le bord des chutes est très agité, j'intensifie donc le travail dans cette zone. Puis, avec une forme très fine (entre 2 et 4 pixels), une teinte plus claire et une opacité moins grande, je repeins à mi-chemin pour faire apparaître les filets d'eau. Les remous sont ainsi plus forts lorsqu'ils atteignent le bord de la falaise.

30 VAPEUR ET FILETS D'EAU

J'ai commencé par faire la brume vaporeuse. Cette vapeur est bleutée dans les ombres et rosée dans la zone éclairée par le soleil. J'ai utilisé une petite forme dont la taille dépend de la pression exercée sur le stylet pour faire tomber quelques filets d'eau. Il me fallait donner un aspect fin et plus clair que le fond de la paroi.

31 LA BRUME DE FOND

Avec la même couleur, j'ai entouré chaque traînée d'eau d'une légère brume moins opaque à l'aide d'une forme ronde, douce et de faible opacité. L'eau donne déjà l'impression de se séparer en tombant, témoignant ainsi de l'agitation et de la hauteur des chutes.

32 SECONDE COUCHE

J'ai reproduit le même processus en augmentant la luminosité de la teinte et en recouvrant seulement la moitié de l'autre couche. Puis j'ai relié les traînées à certains endroits.

33 BRUMES

Chaque traînée est ensuite prolongée par une brume car les amas d'eau se disloquent par la vitesse de leur chute. La méthode est identique à celle utilisée pour la sous-couche. Progressivement, je fais changer la couleur de l'eau en la bleutant et en élargissant la brume lorsqu'elle atteint la grosse nappe de vapeur inférieure.

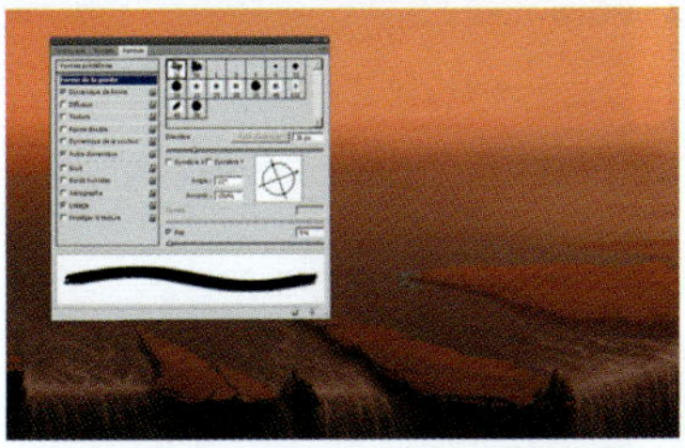

Les formes de pinceaux

Pour Wadry, je n'ai employé que deux types de pinceaux : la craie 36 pixels et le pinceau rond. Ces deux formes suffisent dès lors qu'on leur applique les bons réglages. Pour les nuages, seul le pinceau rond 19 pixels a été utilisé et aucune autre forme. Je préfère construire moi-même la forme de mon ciel pour mieux contrôler l'impact que la lumière aura sur lui.

34 FINALISATION

Enfin, sur un dernier calque, j'ai ajouté des traînées plus claires encore en suivant l'arrondi formé par le bord des chutes. La couleur utilisée est la même que l'écume située entre les deux îlots. J'ai prêté une attention particulière à la taille très fine de la forme (3 ou 4 pixels seulement) et son opacité (75 %) en me laissant guider par les traînées visibles sur les calques inférieurs. J'ai ensuite fusionné les calques avant de passer au reste des chutes en utilisant la même technique.

35 RETOUCHE DU CROQUIS

Pour le rocher situé dans l'ombre, j'ai fait une petite modification du croquis. Son calque a été réglé en mode Normal et inversé avec les touches Ctrl/Cmd+I. En copiant/collant le calque dans le panneau Couches, j'ai créé ainsi une couche alpha inversée. De retour dans les Calques, j'ai rappelé cette couche alpha pour la remplir de blanc sur un calque. Je voulais rendre visibles les contours de mon rocher uniquement, j'ai donc gommé les éléments gênants et j'ai baissé l'Opacité à 25 %.

36 MISE EN FORME

En suivant les contours, j'ai rempli la forme du rocher avec une couleur marron tirant sur le beige. Après avoir placé les ombres et parties claires, le volume général de la roche a rempli l'espace. Lorsque la forme est bloquée, je rééquilibre les couleurs avec l'environnement entourant le rocher.

37 LE TEXTURAGE ET LES DÉTAILS

À l'aide d'une forme très fine, j'ai créé les détails pour sculpter le rocher. Au fur et à mesure, certaines formes secondaires sont apparues. Je me suis appuyé sur chacune d'elles pour faire évoluer le rocher jusqu'à la forme finale. De nouveaux bouts de roche se sont retrouvés exposés à la lumière tandis que d'autres étaient plongés dans la pénombre. J'ai retouché les lumières et les ombres dans ce sens en utilisant les couleurs déjà posées. Je voulais accentuer les angles formés par les détails.

38 BORDURES ROCHEUSES

En observant de près, nous constatons que la bordure rocheuse est trop lisse pour ce type de relief. Il faut donc la rendre plus crédible en lui ajoutant des détails de surface.

Inspiration

Lorsque vous créez des paysages qui n'existent pas, inspirez-vous de photos de paysages atypiques. Ici, des photos des déserts américains par exemple seraient parfaites, certaines ayant servi à tourner Star Wars…

39 FISSURES DU SOL

En me servant des couleurs situées dans l'ombre, j'ai ajouté quelques fissures. Avec une forme dure et la taille réglée sur Pression de la plume, je suis parti du bord de la paroi pour déborder sur le sol. Les fissures sont aléatoires et démarrent souvent au point de séparation entre deux roches. Il faut les placer aux bons endroits pour que les fissures semblent naturelles. J'ai également allongé et terminé la grosse faille située à gauche des deux pics.

« Je me suis servi des couleurs déjà présentes dans le paysage pour faire ces améliorations. »

40 LES CREVASSES

Les grandes crevasses demandent un peu plus d'attention. Il faut respecter la perspective du plan sur lequel elles sont appliquées et elles doivent donner l'impression d'avoir torturé le sol. La couleur utilisée est toujours celle constituant le fond de la falaise. La taille et l'opacité de la forme sont réglées sur Pression de la plume. Comme sur la capture, la taille de la crevasse diminue lorsqu'elle s'éloigne vers l'horizon ou lorsqu'elle s'arrête.

41 TECHNIQUE DE CRAQUELURE

Pour donner de l'importance à la crevasse, il faut lui insuffler de la force. C'est-à-dire montrer qu'elle s'impose à l'environnement en le modifiant. Pour ce faire, je lui donne du relief en traçant un filet lumineux tout au long de la partie exposée au soleil. De l'autre côté, je trace un filet d'ombre plus ou moins large pour accentuer l'effet. Les couleurs sont prises de part et d'autre de la fissure. Il suffit d'augmenter ou de baisser leur luminance.

42 AMÉLIORATION

Lorsque toutes les parties ont été achevées en détail, excepté les nuages, j'ai fait un tour complet de la peinture pour repérer ce que je pouvais ajouter ou améliorer comme les reflets, des détails oubliés, des ombres, etc. Je me suis servi des couleurs déjà présentes dans le paysage pour faire ces améliorations. Ici, j'ai pris une forme très douce pour simuler le reflet du rocher dans l'eau. J'ai également tracé un filet d'ombre sous la presqu'île.

43 DÉTAILS OUBLIÉS

Au niveau des chutes, j'ai divisé le premier îlot en deux, un pic émergent a été incrusté sur le bord et un autre a été ajouté sur le second îlot. Enfin, j'ai décidé de peindre quelques pointes avec leurs reflets sur la bande de terre située sur la droite. J'ai fait attention à ne pas trop envahir cette zone de détails inutiles, c'est pourquoi leur placement a été longuement étudié.

44 COULEURS SUPPLÉMENTAIRES

Dès lors que Wadry s'enrichissait, les parties vides ou dépouillées déséquilibraient la peinture. Pour ne pas perdre le regard dans ces zones, j'ai placé quelques éléments colorés comme les montagnes lointaines de l'horizon ou les à-pics de roche contre la falaise de droite.

45 L'HORIZON

Toujours dans un souci de profondeur, la liaison entre le sol et le ciel joue un rôle important. Notre ciel ainsi que le reste du paysage sont brumeux, raison pour laquelle le soleil n'est pas franchement visible, seul un halo de lumière laissant deviner sa position. Tout au long de la ligne d'horizon, j'ai échantillonné la couleur du ciel pour recouvrir la bande de terre qui tranchait. J'ai utilisé une forme douce à faible opacité. En multipliant les coups de pinceau, les deux plans finissent par se rejoindre. J'ai porté mon attention sur les couleurs et j'ai “piqué” au moins six fois la teinte du ciel avec la touche Opt/Alt du clavier.

« La deuxième couche est plus sombre et plus travaillée. »

46 PREMIÈRE COUCHE DE NUAGES

J'ai pris l'habitude de travailler la couverture nuageuse du haut vers le bas de l'image et en inversant l'ordre des calques. Ainsi, la première couche sera dessinée sur un calque placé en dessous de la deuxième et ainsi de suite. C'est une simple question d'organisation personnelle qui me permet de faire interagir les nuages entre eux sans revenir sur la couche précédente. Pour la peinture des nuages, j'ai utilisé une forme à dureté moyenne en activant l'option Variation de la taille selon la pression du stylet. À droite, les nuages sont plus lointains, donc plus clairs. J'ai utilisé un rose orangé pour la forme générale et j'ai assombri la base pour donner plus de consistance. Sur la gauche, j'ai travaillé avec une forme plus large sans changer les réglages. J'ai simplement diminué la taille du pinceau pour détailler l'extrémité pointue du nuage. En revanche, l'extrémité gauche sert essentiellement à assurer la liaison entre le relief et le ciel. Elle n'est donc pas très détaillée.

47 DEUXIÈME COUCHE

La deuxième couche est légèrement plus sombre et plus travaillée. Le nuage prend également une direction opposée à celui de la première couche. Là aussi, j'ai foncé la base de certaines parties, notamment au niveau de la pointe. L'opacité de la forme s'est occupée du reste. Enfin, j'ai placé quelques éclairages à l'intérieur du nuage pour renforcer son volume.

48 TROISIÈME COUCHE

La troisième couche est très importante. Elle est plus éloignée et touche presque l'horizon. Elle doit donner de la perspective au ciel mais aussi une continuité aux nuages qui ont déjà été peints. J'ai utilisé un bleu délavé pour cette partie et j'ai peint la couche en respectant la forme des premiers nuages, c'est-à-dire large au début pour finir pointue. Les couleurs proches du relief sont également plus sombres. Lorsque l'uniformité des nuages est devenue trop évidente, j'ai décidé de peindre une pointe nuageuse allant jusqu'au milieu du ciel pour varier un peu.

49 DERNIÈRE COUCHE

La quatrième couche n'était pas prévue. Mais je me suis rendu compte qu'il manquait quelques détails aux nuages. J'ai donc peaufiné la liaison entre les différentes couches et j'ai même rajouté quelques traînées rebelles allant dans des directions opposées. J'ai fini cette couche en ajoutant deux nuages plus petits juste au-dessus de l'horizon. Le paysage a ainsi gagné en profondeur.

« La troisième couche doit donner de la perspective au ciel mais aussi une continuité aux nuages qui ont déjà été peints. »

50 DÉFINIR LA FORME

Ajouter une présence humaine est indispensable à l'histoire de Wadry. Je reprends le flux de travail classique en élaborant une forme générale de la navette en m'aidant des grilles de perspective pour le fuselage et les ailes.

51 REMPLISSAGE

Maintenant que le croquis est fait, je le remplis avec une couleur ambiante prise dans l'environnement. Chaque étape est travaillée sur des calques distincts. Je peux ainsi revenir à loisir sur un élément que je souhaite corriger.

52 LES ORGANES DE LA NAVETTE

J'ajoute ensuite les ombres pour détacher chaque organe de la navette. Pour réaliser cette phase correctement, j'utilise une forme très fine et douce. Les ombres doivent être propres dans leur géométrie et nettes.

53 LES DÉTAILS

Je n'ai plus besoin du croquis maintenant que l'engin se distingue clairement de son environnement. Je peaufine les ombres et lumières dures telles que le dessus du fuselage, la queue, les extrémités des ailes et les contours du bloc de réacteurs. Je peins toujours avec une forme très fine pour ciseler les détails.

Pour les painters

Pour les painters qui n'ont pas peur de travailler longuement sur le même calque, d'autres outils s'offrent à eux pour gérer les ombres et lumières comme Densité + et Densité -. Ces outils ne s'appliquent efficacement que lorsque le calque est déjà rempli avec une couleur au moins. Pour les autres, rien ne vous empêche de faire des essais sur un calque brouillon. Vous gagnerez en temps et éviterez de permuter les couleurs des ombres et lumières.

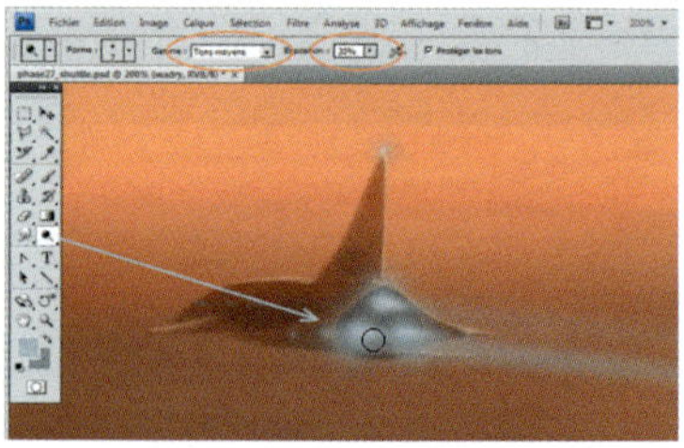

54 UNE NAVETTE HABITÉE

Une dernière retouche sur la géométrie de l'appareil en lui ajoutant un déflecteur sous les réacteurs, et il ne reste plus qu'à le rendre habité. Avec une forme de 2 ou 3 pixels, je trace des hublots sombres. Puis, avec la même forme, je trace d'autres hublots avec un bleu pâle en repassant par endroits sur le premier tracé. On peut ainsi distinguer les cabines allumées de celles qui sont éteintes.

Signez et admirez

N'hésitez pas à diffuser votre travail. Soumettez-le à la critique d'autres artistes. Vous en apprendrez d'autant plus. Si vous placez votre création sur Internet, donnez-lui un titre, signez-la et admirez-la ! En général, lorsque j'en suis à ce stade, j'ai déjà la prochaine peinture numérique en tête. Il serait dommage de s'arrêter en si bon chemin...

55 UNE NAVETTE EN MOUVEMENT

La navette ne donne pas encore l'impression d'être en mouvement. Nous allons allumer ses propulseurs et lui ajouter quelques feux anticollision. À l'intérieur des réacteurs, remplissez d'un bleu pâle et dupliquez le calque au-dessus du premier. Appliquez un Flou gaussien pour créer un halo bleu et léger autour du groupe de propulseurs. Dupliquez le halo et agrandissez-le légèrement en maintenant enfoncées les touches Maj et Alt/Opt en même temps. Ajoutez un nouveau calque et tracez les premières traînées d'énergie en forme de flammes partant des propulseurs. Sur un autre calque, tracez d'autres traînées beaucoup plus longues et bien droites. Suivez la grille de perspective du sol pour rester dans la bonne direction. Réduisez l'opacité des traînées pour les rendre moins fortes. Enfin, avec un bleu très clair, presque blanc, tracez un trait court au centre de chaque réacteur. À cet endroit, la concentration d'énergie est importante, donc la lumière qui s'en dégage aussi. Si nécessaire, réglez l'opacité de chaque calque pour que les traînées se distinguent les unes des autres. Mais elles doivent aussi se lier entre elles, comme sur la capture.

L'ARTISTE
Cyrille Nicoloff
est un infographiste autodidacte de 41 ans vivant en région parisienne. Il a notamment effectué des créations pour des associations sportives et artistiques. Passionné par l'image, il affectionne tout particulièrement le monde de la 2D et de la 3D. Il utilise Photoshop aussi bien que Maya en passant par ZBrush et est en perpétuelle observation du monde qui l'entoure pour le reproduire sur son écran. http://www.nicoloff.net/

Les calques

Les calques de Photoshop fonctionnent comme des vrais calques. Ce que vous voyez dans le panneau des calques en vertical, c'est comme regarder les épaisseurs que vous auriez posées sur un dessin. L'arrière-plan est votre feuille de base. Puis les calques s'empilent. Celui qui est en haut du panneau est celui qui est tout en haut de la pile. Vous pouvez les déplacer juste en cliquant dessus et en les glissant. Vous pouvez en ajouter et en supprimer grâce aux options en bas du panneau. Vous pouvez les renommer en double-cliquant sur leur nom et les colorer dans le menu d'options du panneau. Ici, vous pouvez également changer leur taille pour plus de visibilité, mais aussi choisir que le calque n'affiche que l'élément qu'il contient.

CARICATURE

Caricaturez un héros de série TV.

Même s'il on est un peu habitué à gribouiller des "tronches" de la vie quotidienne sur son carnet de croquis, caricaturer quelqu'un de célèbre peut paraître un exercice périlleux. Car tout l'art de la caricature consiste à exagérer certains traits ou certaines expressions pour les rendre drôles sans pour autant trop dénaturer le visage, auquel cas personne ne reconnaîtra le sujet du dessin.

Dans ce tutoriel, vous apprendrez quelques méthodes pour parvenir à un résultat à partir d'un sujet ancré dans la culture populaire, un héros de série TV en l'occurrence, la star de la série culte Lost : John Locke.

Vous apprendrez comment dresser un croquis après avoir préalablement choisi la photo qui convient le mieux à votre caricature, à mettre en peinture votre dessin et enfin à mettre en scène votre personnage tout en évoquant son histoire par la création d'un décor qui lui correspond.

Ce tutoriel ne nécessite pas des connaissances approfondies de Photoshop, juste des bases, un petit coup de crayon, une tablette graphique et un peu d'huile de coude ! Amusez-vous bien !

SUR LE CD : Vous y trouverez le fichier .psd contenant trois calques.

NOTRE EXPERT
Victor Obscur

Âgé de 34 ans, Damien Kiernozek, alias Victor Obscur, est graphiste caricaturiste originaire de la région de Metz. Passionné par la bande dessinée et ancien de l'animation, Victor Obscur s'est avant tout fait connaître par ses dessins de presse pour le journal Le Républicain Lorrain (entre 1996 et 2006). Ses dessins humoristiques se distinguent des dessins de presse classiques par une mise en image qui se veut plus moderne et très colorée. Victor Obscur a également collaboré avec Allan Van Darc pour l'émission La semaine people sur Direct 8 afin de croquer en quelques esquisses les frasques des peoples...
Il prépare, avec l'aide de son scénariste Le Hezo, un album de dessins humoristiques aux Éditions Paroles de Lorrains dont le titre évocateur est "C'est l'histoire d'un mec... à Rolex". Côté matériel, Victor Obscur a quasiment abandonné l'encre au profit d'une tablette graphique Wacom Intuos 4.
http://leregardobscur.viabloga.com

01 RECHERCHE

Tout d'abord, il est nécessaire de faire un travail de recherche sur la personne que vous allez caricaturer. Préférez des photos centrées sur le portrait et de la meilleure qualité possible avec un bon contraste.

« Accentuez le contraste de l'image si nécessaire afin de noircir davantage les traits au crayon de papier. »

02 LA BONNE EXPRESSION

Il vous faudra aussi trouver l'expression de visage qui convient le mieux au type de la personne. Une caricature souriante n'est pas forcément une obligation, il s'agit de trouver la bonne expression. Si vous possédez plusieurs photos du sujet à traiter (une de face et une de trois quarts par exemple), c'est un meilleur gage de réussite.

03 CROQUIS

Commencez par établir un croquis de base sur une feuille blanche avec un crayon bleu et un crayon de papier médium (2B). Le crayon bleu servira à tracer les traits de construction, le crayon de papier à définir plus précisément les traits. Ceci vous permettra de retenir clairement l'expression qui donne sa singularité au visage.

Caricature

Pour réussir une caricature, vous devez mettre en avant les traits du visage les plus marquants de votre personnage. Que ce soit une machoire carrée, des oreilles décollées, des lèvres très fines, un gros nez, etc. il va falloir les exagérer pour que la caricature fonctionne. N'ayez pas peur de vexer la personne concernée, rappelez-lui que justement tout est exagéré et que ce n'est qu'un dessin.

04 SCANNER

Après avoir scanné le croquis en 300 dpi, la résolution minimale pour un travail d'imprimerie, désaturez (Ctrl/Cmd+Maj+U) afin de supprimer les traits de construction au crayon bleu (c'est dommage, je sais… mais c'est comme ça !). Accentuez le contraste de l'image si nécessaire afin de noircir davantage les traits au crayon de papier.

05 FOND VERT

Créez un nouveau calque (Ctrl/Cmd+Maj+N) et passez-le en mode Produit. Renommez-le "Couleur 1". Avec l'outil Pot de peinture, appliquez un fond de couleur verte afin de ne laisser aucun trou blanc dans l'image par la suite. Bien sûr, le fond vert sera de nouveau retravaillé plus tard.

06 LA COULEUR

Il convient maintenant de choisir la couleur de la peau du personnage. Pour ma part, j'utilise les valeurs suivantes : R 226, V 172 et B 132. Bien sûr, la tonalité de la couleur de la peau change en fonction de l'éclairage. C'est maintenant que le travail le plus difficile commence.

Sur le calque "Couleur 1", commencez par remplir le dessin des couleurs de base avec l'outil Pinceau. Peu importe si vous dépassez un peu au-delà des traits, cette étape ne requiert pas une précision absolue. Il convient juste de donner au dessin ses couleurs dominantes (la peau, le T-shirt…).

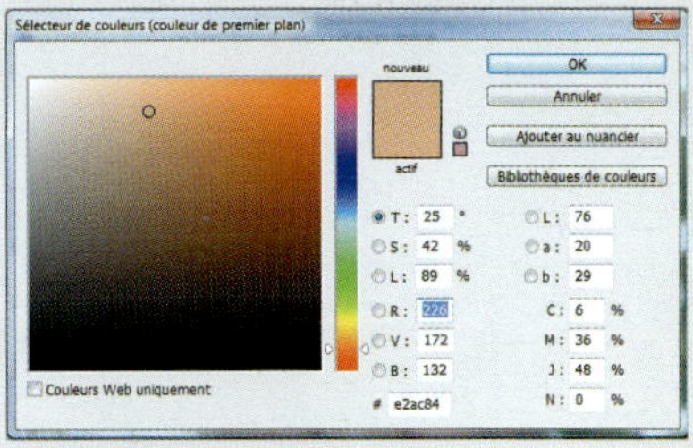

07 NUANCES

Sélectionnez la couleur de la peau afin de travailler les ombrages du visage de manière assez légère pour vous donner un repère sur les volumes. Ce travail est important car c'est lui qui va vous permettre de donner toute l'expressivité de la caricature et qui révèlera la réussite de votre travail. Créez un nouveau calque que vous appellerez "Nuance". C'est sur ce calque que vous allez faire le plus gros du travail. Je tiens à préciser qu'à partir de ce moment la tablette graphique s'avère indispensable pour travailler.

08 VOLUMES

Précisez davantage les ombrages et les volumes du visage en premier en vous servant des traits de construction. Travaillez par petites zones successives. Ensuite vous finirez par la touche de lumière (ici la lumière se situe au-dessus du crâne de notre John Locke). Travaillez avec une forme de Pinceau de type Aérographe. N'hésitez pas à jouer avec le diamètre de votre pinceau ainsi qu'avec l'outil Opacité. Gardez toujours un œil sur votre modèle de référence. Étudiez bien la façon dont la lumière et l'ombre révèlent les traits du visage. Ici, le travail est facilité par la bonne qualité de la photo. Qui plus est, le personnage est chauve ! Vous avez pratiquement achevé votre œuvre. Il convient à présent de la mettre en scène.

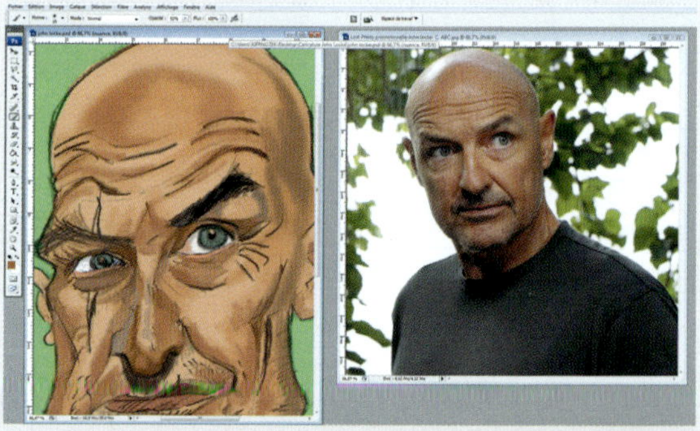

09 LE FOND

Fusionnez vos calques et sélectionez les fond. Ne désélectionnez pas cette zone avant d'avoir fini votre décor. Bien sûr, nous aurions pu utiliser les fonctions de masque de Photoshop... Mais vous pourrez vous éviter cette galère si vous ne les maîtrisez pas en modifiant les petites imperfections du dessin une fois qu'il sera totalement achevé.

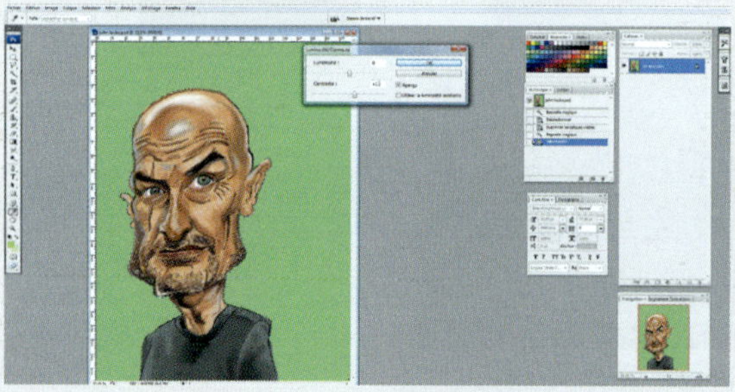

10 DÉGRADÉ

Avec l'outil Dégradé, appliquez un dégradé linéaire vert avec plusieurs nuances allant d'un vert sombre à un autre vert sombre, mais en passant au centre par un vert plus lumineux.

« Vous allez esquisser le fond de la jungle puis les rochers et enfin la touche finale la cultissime fumée noire ! »

11 LUMIÈRE

Créez un nouveau calque (Ctrl/Cmd+Alt+N) que vous appellerez “Lumières” puis commencez par peindre (toujours avec l’Aérographe) quatre filets de lumière qui viennent du soleil à travers les branches.

12 FLOU

Appliquez un Flou gaussien (Filtre> Atténuation> Flou gaussien). Réglez la valeur en pixels jusqu’à l’effet désiré.

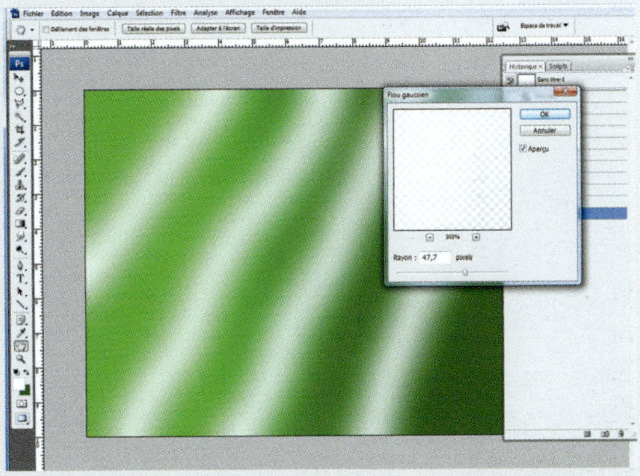

13 FINALISATION

Créez un dernier calque sur lequel vous allez esquisser le fond de la jungle puis les rochers et enfin la touche finale (mais très importante) la cultissime fumée noire ! Pour cette dernière étape, vous pouvez vous appuyer sur les formes de pinceaux téléchargeables un peu partout sur le Net et notamment sur des sites comme deviantART. Il existe des formes de fumées très intéressantes qui pourront donner un effet bœuf à votre œuvre d’art !

Motifs

Lorsque vous faites de la peinture, vous n'êtes pas obligé de tout peindre, surtout dans Photoshop. Ce logiciel propose une fonction nommée Motif qui permet d'appliquer des motifs répétitifs dans vos images. Plusieurs solutions pour cela.
Tout d'abord, vous disposez de motifs prédéfinis dans Photoshop mais, comme pour les formes de pinceaux, vous pouvez en importer (par le Gestionnaire des paramètres prédéfinis par exemple) et en créer (en faisant une sélection puis Édition> Utiliser comme motif).
Pour ensuite appliquer votre motif, vous pouvez par exemple le peindre. Prenez le Pinceau et, dans le panneau Formes, cochez Texture et cliquez sur le motif proposé. Là, vous pouvez encore une fois en importer par le menu contextuel. Une fois le motif choisi, peignez simplement dans votre image.
Vous pouvez également remplir une zone entière à l'aide du Pot de peinture et en sélectionnant Motif dans le menu déroulant dans la barre d'options puis en cliquant dans l'image.
Enfin, vous pouvez aussi double-cliquer sur un calque à côté de son nom (pas sur la vignette) et choisir Incrustation de motif.

L'ARTISTE
Alexandre Bonvalot, *36 ans, est directeur artistique dans l'univers du jeu vidéo. Passionné par le dessin depuis tout petit, il utilise aussi bien Photoshop que 3ds Max ou Flash. http://alex.bonvalot.free.fr*

MANY ARE CALLING FOR HELP IN THE SILENCE

Réalisez une peinture aux couleurs étonnantes et transmettant un message fort.

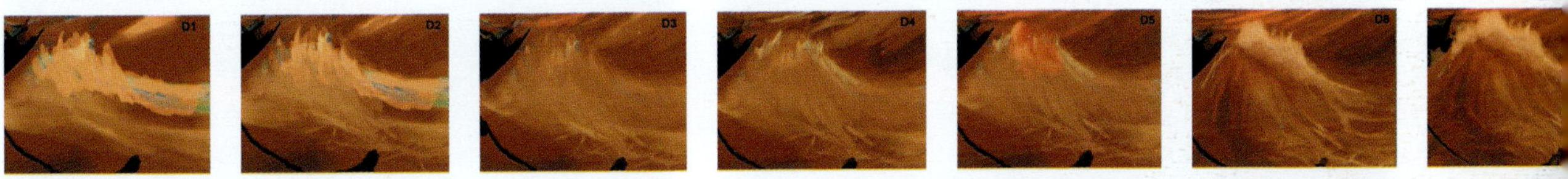

Cette image a été réalisée avec Photoshop 7 à l'aide d'une tablette graphique. Il faut savoir qu'en matière de peinture numérique un simple pinceau doux, une palette de couleurs et un peu de talent suffisent à réaliser des images étonnantes.

Après tout, les peintres traditionnels font tout sur la même page. La première version de Photoshop pourrait suffire à un grand nombre d'artistes. Il est certain que les calques ont donné plus de souplesse à la création de reflets et d'ombres et permettent de séparer les éléments. Notre artiste aime d'ailleurs les utiliser.

Ici, Cyril Rolando a utilisé une ancienne version de Photoshop et cela lui a suffi à réaliser une illustration époustouflante. Voici ses conseils et astuces.

SUR LE CD : Il n'y a pas d'éléments sur le CD. Le croquis de base est un oekaki (dessin fait avec le logiciel Paint BBS).

NOTRE EXPERT
Cyril Rolando
Je suis un psychologue clinicien de 25 ans ayant découvert l'art digital il y a six ans et pour qui l'activité artistique demeure un hobby et un moyen d'évasion. Je suis inspiré par les univers oniriques et surréalistes d'Hayao Miyazaki et de Tim Burton et je tente de faire partager un monde original et absurde.

01 OEKAKI

Je ne sais pas pourquoi j'ai décidé de travailler à partir d'un ancien oekaki. J'ai bien aimé l'idée de base de ce dessin, mais je trouvais le rendu pas terrible. J'ai ouvert Photoshop 7 et j'ai décidé de travailler sur ce dessin pour la couverture d'un album de The Dooks.

Ne jetez rien !

Cette superbe illustration est basée sur une autre que l'artiste avait mise de côté. La preuve qu'il ne faut rien jeter de ce que vous créez et qu'il faut parfois laisser décanter les choses pas mal de temps pour y revenir avec un nouveau regard et plus de maturité. Créez-vous un dossier d'archives avec vos recherches et vos illustrations ratées ou dont vous n'êtes pas fier et, lorsque vous êtes en manque d'inspiration, revenez y chiner.

02 MODIFIER LE CIEL

J'ai commencé par effacer le ciel affreux avec une grosse forme de pinceau épaisse et rouge. Ensuite, j'ai également effacé le personnage et ajouté de l'orange dans le ciel. Le bleu de l'océan me rendait un peu fou alors je l'ai remplacé par une teinte d'orangé, bien plus intéressante.

« Comme je le dis souvent sur deviantART, j'aime travailler avec de nombreux calques. »

03 BALANCE DES COULEURS

J'ai sélectionné la partie de l'océan et j'ai utilisé la Balance des couleurs. J'ai changé assez facilement l'ambiance du dessin avec des tons orangés, et l'ensemble est apparu tout de suite plus attirant. Pour le ciel, j'ai utilisé une grosse forme basique de 200 pixels.

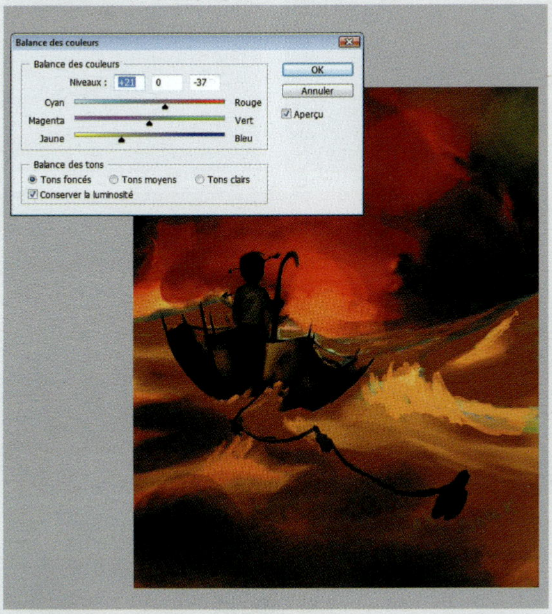

04 AJOUTER DES CALQUES

Je parle souvent des calques dans les tutoriels que je poste sur deviantART et sur mon site, mais j'aime travailler avec de nombreux calques. Je travaillais sur le fond alors j'ai ajouté un calque pour le personnage. C'est très intéressant car vous pouvez travailler sur le premier plan (personnage, parapluie et bouteilles) sans modifier le fond. J'ai passé le calque en mode Produit. Les parties blanches sont alors devenues transparentes et seules les parties noires sont restées visibles. Une fonction intéressante lorsque vous utilisez des croquis.

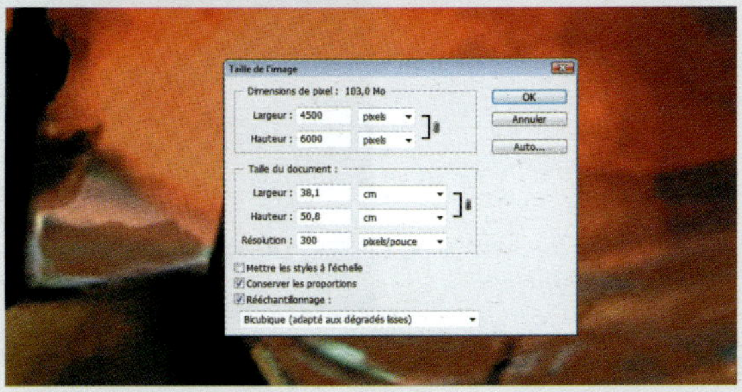

05 LUMINOSITÉ ET CONTRASTE

J'ai ensuite décidé de modifier la luminosité et le contraste de l'image. Cela a une fois de plus changé l'atmosphère de l'image et les effets de lumière sont différents. À cette étape, la taille de mon image est de 1200 x 1500 pixels. Les réglages et l'atmosphère me plaisent. Redimensionnez à 4500 x 6000 pour les besoins de l'album.

06 ÉVOLUTION DU CIEL

Voici ici la naissance du ciel. Vous pouvez voir pas à pas l'évolution de la peinture, de plus en plus précise. Réduisez la taille de votre forme de pinceau au fur et à mesure.

Balance des couleurs

La balance des couleurs est l'un de mes outils préférés. Il y a trois paramètres :

- *les tons foncés, vous pouvez ne modifier que les teintes sombres et augmenter ainsi le contraste de vos images ;*
- *les tons moyens ;*
- *les tons clairs, un peu comme Luminosité/Contraste permettent d'éclaircir votre image.*

En modifiant plusieurs paramètres à la fois, vous obtenez des atmosphères complètement différentes.

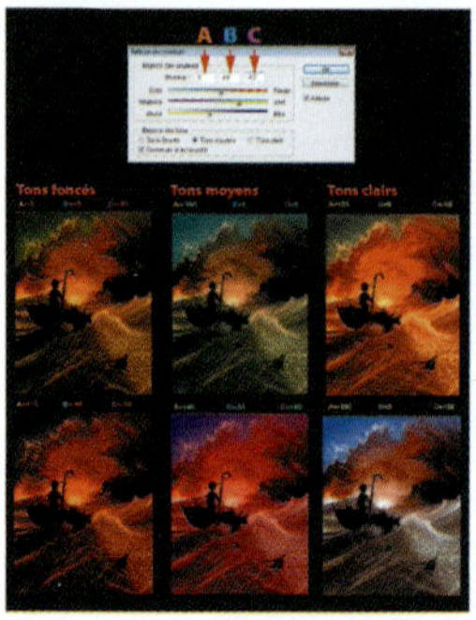

« Vous trouverez sur mon site un tutoriel dédié à la création de ciels nuageux. »

07 LES NUAGES

Il n'est pas simple d'expliquer comment dessiner. Vous trouverez sur mon site un tutoriel dédié à la création de ciels nuageux. Ma façon de dessiner les nuages change pour chaque image, mais le processus reste le même. Ce sont surtout les formes et couleurs qui changent. N'essayez pas de faire quelque chose de parfait dès le départ. Commencez par les couleurs foncées puis éclaircissez petit à petit.

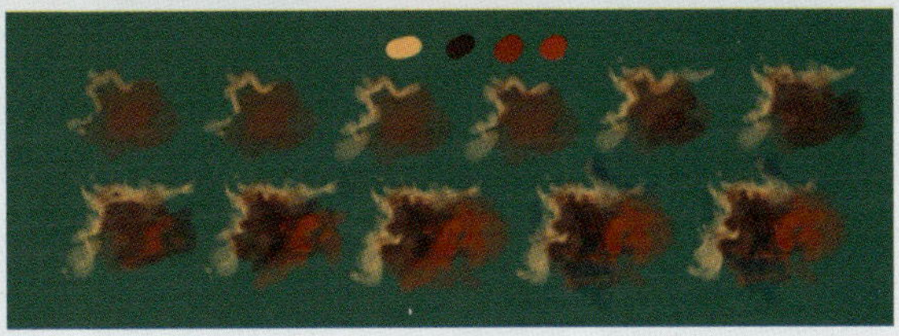

08 INSPIRATION

Lorsque vous ignorez comment dessiner une zone, faites appel à Google. Trouvez des images ou photos de référence pour vous inspirer.

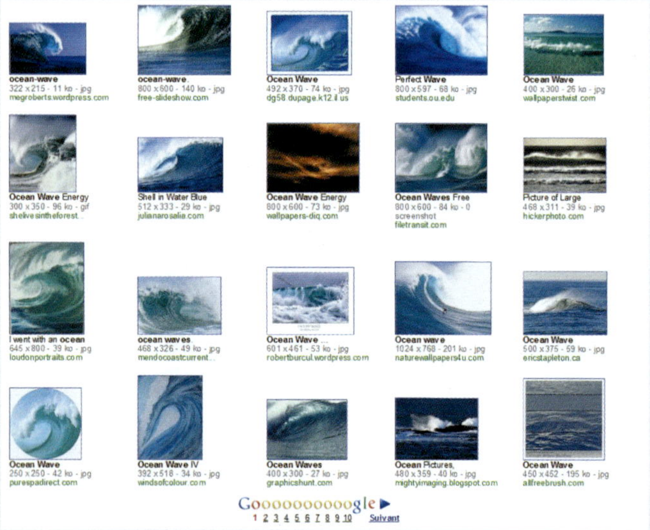

« Lorsque vous ignorez comment dessiner une zone, faites appel à Google pour trouver l'inspiration. »

09 DESSINER LES VAGUES

Utilisez pour l'eau le même processus que pour les nuages. Commencez par des couleurs moyennes puis ajoutez des couleurs claires pour les reflets et sombres pour les ombres.

10 ÉVOLUTION DE LA VAGUE

La vague qui est au premier plan est importante car elle est proche du personnage central. Il est donc essentiel de s'y attarder.

Mais au départ, mon éclairage était incorrect. J'ai essayé de mettre pas mal d'écume mais finalement c'était trop clair.

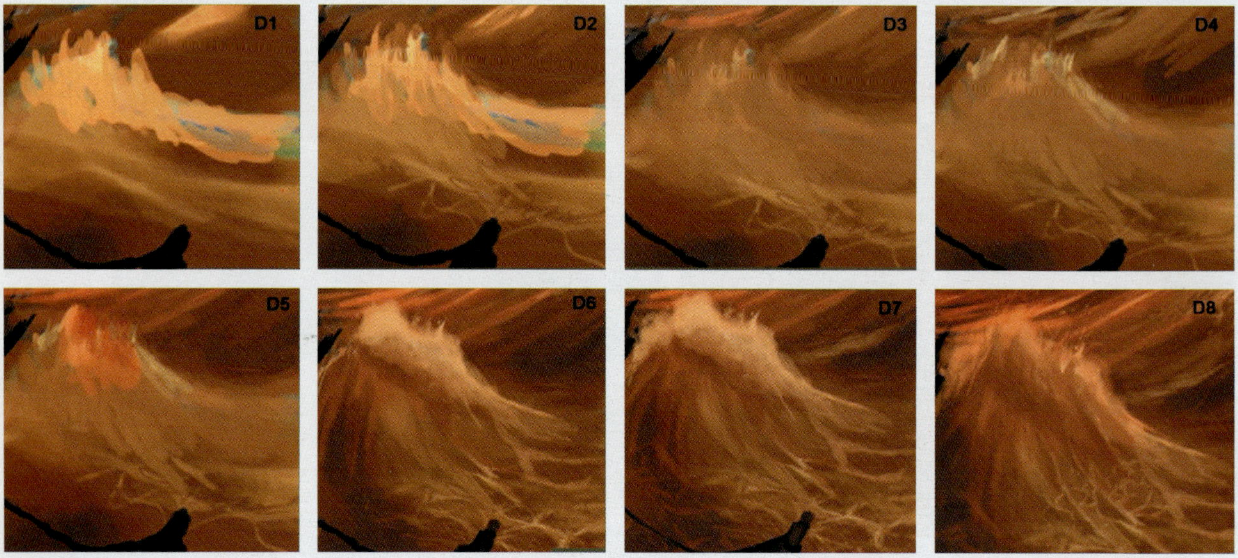

« J'ai utilisé trois calques pour le personnage. »

11 LE PERSONNAGE

J'ai fait une silhouette noire car je ne sais pas trop dessiner des personnages. N'hésitez pas à faire des recherches et des croquis au lieu de suivre mon exemple pour le personnage qui est un peu aléatoire. L'éclairage n'est pas parfait non plus pour ce personnage, mais difficile dans cette position de l'imaginer exactement. J'ai utilisé trois calques : un pour la silhouette du personnage, un pour le parapluie et la vague qui se trouve devant, et un dernier pour la couleur du personnage et du parapluie.

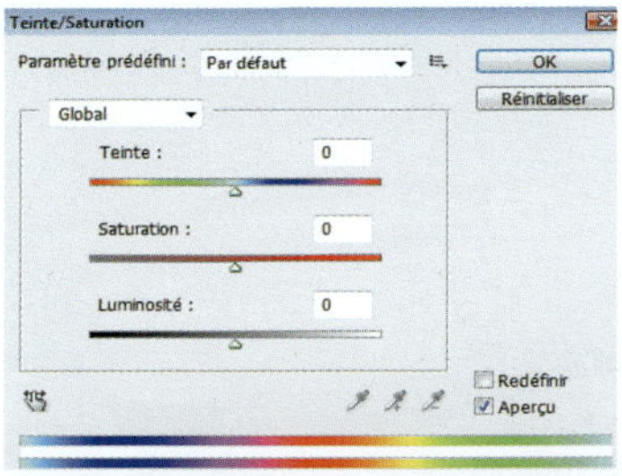

Teinte/Saturation

Cette fonction permet de modifier la teinte à travers une sorte de roue des couleurs. Vous pouvez aussi modifier la saturation et aller jusqu'à désaturer l'image pour la passer en noir et blanc. Enfin vous avez accès à la luminosité. La case Redéfinir permet de modifier la totalité des couleurs de l'image. Je vous conseille d'utiliser cette fonction par le biais des calques de réglage afin de revenir à volonté sur les réglages et de disposer d'un masque.

L'ARTISTE

Cyril Rolando

Je suis un psychologue clinicien de 25 ans ayant découvert l'art digital il y a six ans et pour qui l'activité artistique demeure un hobby et un moyen d'évasion. Je suis inspiré par les univers oniriques et surréalistes d'Hayao Miyazaki et de Tim Burton et je tente de faire partager un monde original et absurde.

L'art traditionnel

Il est pratiquement inconcevable de faire de la peinture numérique sans avoir déjà des bases de dessin traditionnel. Pour cela, vous pouvez suivre des cours de dessin, d'anatomie, ou bien simplement vous procurer des ouvrages spécialisés. Ensuite, pratiquez au maximum. Gardez toujours un petit carnet de croquis sur vous et un crayon. Plus vous pratiquerez, plus vous apprendrez.
Allez voir aussi un maximum d'expositions et surfez sur Internet pour passer en revue les différents genres de peinture et les grands maîtres, mais aussi pour découvrir des artistes contemporains traditionnels.
Vous aurez besoin d'un minimum de culture traditionnelle pour bien évoluer en numérique. N'oubliez pas que Photoshop et votre ordinateur ne sont que des outils, évolués certes, mais juste des outils.

PERSONNAGES DE SCIENCE-FICTION

Vous allez apprendre la mise en couleurs type BD en utilisant plusieurs calques pour les ombres, lumières et motifs.

La mise en couleurs informatique a réussi depuis plusieurs années à remplacer les techniques en aplats traditionnelles dans le monde de la BD et de l'illustration. La possibilité qu'offre Photoshop de composer une image via un grand nombre de jeux de calques assure un confort dans le travail quotidien du coloriste. Retouche, mise au net, changement d'ambiance, création de palettes spécifiques, incrustation de motifs, création de trames, etc. tout est possible et tout peut être retravaillé grâce à ce programme.

Étienne Simon, alias Yuio, explique en quelques étapes la méthode qu'il utilise pour réaliser une bonne partie de ses images dans un style proche du cartoon. Les principales choses évoquées seront la préparation du dessin pour la mise en couleurs, la création d'une palette, l'application ou la création de motifs et quelques petites manipulations de mise en couleurs. Il n'y a pas de réelles difficultés à faire de la mise en couleurs, il faut juste du temps et... de l'envie !

SUR LE CD : Vous trouverez sur le CD l'image au format PSD avec tous les calques pour visualiser la démarche de travail ainsi que trois motifs à charger dans Photoshop.

NOTRE EXPERT
Étienne Simon, aka YUIO,
est un auteur belge (Namur) de 33 ans. Il a commencé son activité comme coloriste pour plusieurs maisons d'édition mais dédie à présent la majeure partie de son temps au dessin en réalisant soit des illustrations, soit des BD. http://chairafauteuil.over-blog.com/

01 CRÉER LES CALQUES DE TRAVAIL

Ouvrez le dessin en faisant Fichier> Ouvrir puis, sur le CD, choisissez Etape1.tif. Passez l'image en mode CMJN (Image> Mode> CMJN). Dupliquez le calque trait (Calque> Dupliquer le calque). Nommez-le "trait". Avec la Baguette magique, nous allons isoler le trait. Désactivez les options Lissage et Pixel contigu de l'outil et cliquez sur le blanc du calque "trait". Effacez la sélection Édition> Effacer, Désélectionnez (Ctrl/Cmd+D) et verrouillez les pixels transparents du calque "trait". Sélectionnez le calque d'arrière-plan et faites Édition> Remplir> Blanc. À présent, le trait et le fond sont préparés.

02 COLORIER LE CALQUE D'ARRIÈRE-PLAN

Les outils à utiliser sont le Pot de peinture et le Crayon. Le Crayon servira soit à fermer les formes, soit à créer une césure dans votre aplat. Le Pot de peinture servira à remplir rapidement l'ensemble. Pour ne pas remplir toute la page en un clic, cochez l'option Pixel contigu. Faites-vous plaisir et placez vos couleurs selon vos goûts mais différenciez bien les personnages.

03 PLACER DES OMBRES

Créez un nouveau calque (Ctrl/Cmd+Maj+N) et nommez-le "Ombres". Rendez la lumière unidirectionnelle : gauche, droite, venant du haut ou du bas. De cette manière, vous balayez un ensemble de volumes de manière simple. Ici, la lumière frappe par la gauche et les ombres sont à droite. Utilisez les outils Crayon et Pot de peinture ainsi qu'une couleur dominante car elle unifiera la palette même s'il y a des couleurs hors de gamme.

Ajoutez juste quelques autres teintes pour que ça ne soit pas trop lassant à l'œil. Pour créer les ombres, suivez plus ou moins les courbes naturelles d'un élément – regardez l'exemple, chaque forme est presque suivie par son double décalé. Vous pouvez évidemment créer des ombres plus folles ou qui laissent passer plus de lumière. Dans le panneau Calques, choisissez le mode Densité linéaire dans le menu déroulant et baissez l'Opacité à 48 %.

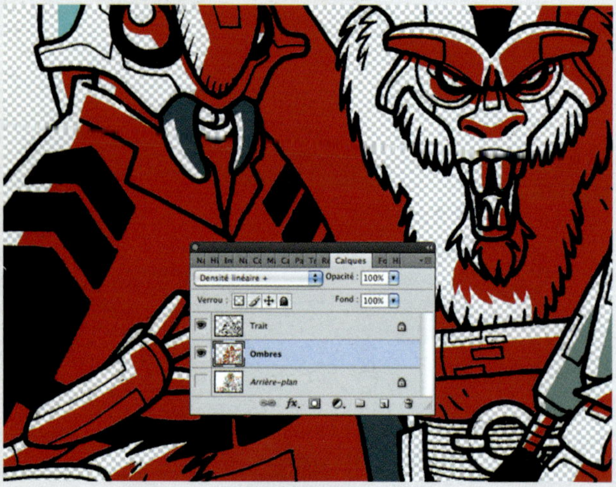

« Utilisez les outils Crayon et Pot de peinture ainsi qu'une couleur dominante car elle unifiera la palette même s'il y a des couleurs hors de gamme. »

« Activez l'option Redéfinir et bougez les curseurs pour changer votre noir en couleur. »

04 CRÉER DE LA LUMIÈRE

Comme précédemment, créez un nouveau calque et nommez-le "Lumières". Cette fois, nous allons juste mettre quelques zones lumineuses aux endroits qui semblent un peu trop en aplat. J'ai choisi la tête du personnage roux et j'applique une couleur moyenne uniforme que je mets directement en mode Densité couleur - dans le menu déroulant du panneau Calques avec une Opacité de 58 %.

05 AJOUTER DES MOTIFS PERSONNALISÉS

Créez un nouveau calque et appelez-le "Motif". Remplissez des zones de couleur comme la chemise d'un personnage avec l'outil Pot de peinture. Choisissez l'option Motif et sélectionnez-en un. Si vous n'en trouvez pas à votre goût, allez sur la petite flèche à droite et chargez-en de nouveaux. Ceux utilisés dans l'image sont proposés sur le CD. Pour chaque motif sélectionné, créez une sélection et changez la couleur avec Teinte/Saturation (Ctrl/Cmd+U). Activez l'option Redéfinir et bougez les curseurs pour changer votre noir en couleur.

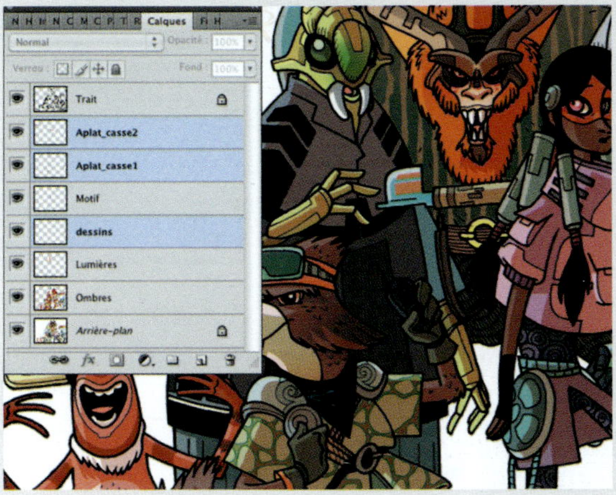

06 CASSER DES APLATS

Créez un calque sur lequel vous allez utiliser le Pinceau avec une forme diffuse et une Opacité de 30 à 40 %. Vous pouvez également, avec une sélection, utiliser un dégradé. Du rouge sur les joues, du vert sur un alien, un dégradé bleu sur le motif rayé, etc. Créez autant de calques que vous désirez en variant les possibilités d'opacité ou de mode : Densité couleur +, Densité linéaire, Produit pour créer des zones d'ombre et Incrustation, Densité couleur - ou les autres modes lumières pour éclairer vos personnages.

07 TRAITER LE TRAIT À LA COULEUR

Retournez sur le calque “Trait”. Utilisez l’outil Crayon pour isoler vos traits et l’outil Pot de peinture pour les remplir. Prenez une couleur plus sombre que celle de l’aplat pour garder l’intérêt du travail d’encrage. Les aplats de noir transformés doivent être retravaillés en fonction de la lumière que vous avez posée : la chevelure de la femme, la tunique de l’alien vert, etc. feront résonance avec les éléments posés à l’étape 3.

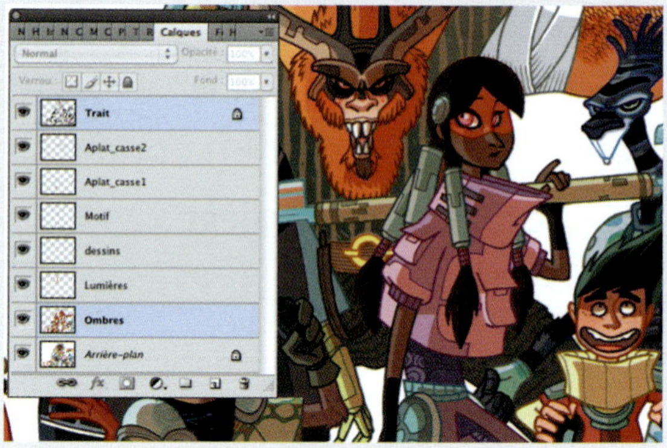

08 POSTPRODUCTION

Votre image est presque terminée. Créez un calque au-dessus du calque Trait et utilisez un dégradé pour légèrement varier le trait et la couleur. Passez le calque en Densité couleur -. Essayez, si vous le désirez, d’ajouter quelques derniers éléments sur des calques : formes sur un personnage, papier de fond, typo, etc. et enregistrez l’ensemble en Tiff.

Dans le cas où une dominante colorée est trop ou pas assez marquée, utilisez Ctrl/Cmd+M et variez les courbes C, M, J. Vous pouvez voir des exemples de ce que l’on peut faire sur les calques Contraste, Dessins, Logo_aliens, Papier et Dégradé_sol. Je les ai placés soit en fonction des ombres, soit en fonction du trait.

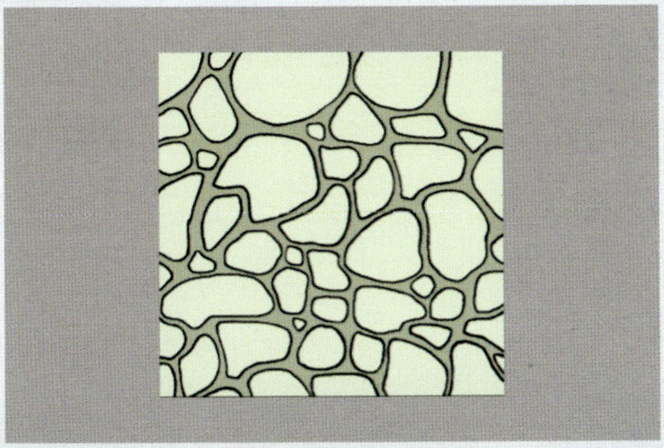

09 COMMENT CRÉER UN MOTIF PERSONNALISÉ ?

Commencez par ouvrir un nouveau document (Ctrl/Cmd+N), donnez-lui une taille de 5 x 5 cm et une résolution de 300 dpi. Dans ce petit carré, dessinez et/ou coloriez les formes que vous désirez utiliser comme motifs. Si votre motif est complexe, il se peut que les raccords ne fonctionnent pas et que la césure soit disgracieuse. Pour les retravailler, il y a deux possibilités.

10 FILTRE TRANSLATION

La première technique permet de dessiner avec le Crayon et d'obtenir un tracé précis sans flou. C'est une technique existant depuis longtemps. Faites Filtre> Divers> Translation. Arrangez-vous pour rendre les césures les plus visibles possible en activant l'option Reboucler et en bougeant les curseurs. Redessinez sur les parties posant problème afin d'avoir une surface formant un motif parfait. Faites Édition> Utiliser comme motif. Testez pour avoir une visualisation complète de votre profil.

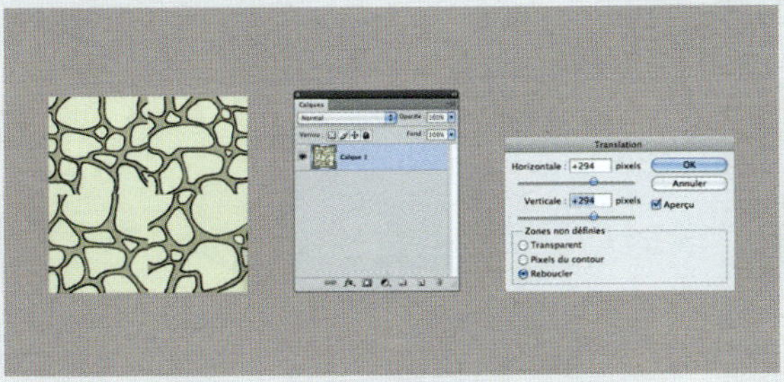

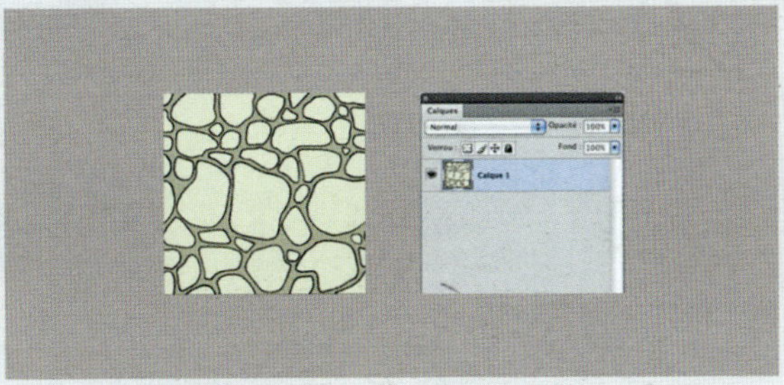

11 LA PEINTURE EN MOSAÏQUE

La deuxième technique permet d'avoir des motifs plus complexes mais une partie des tracés seront avec un lissage actif. Passez en RVB et commencez par dessiner votre motif dans le carré. Retravaillez le motif 3D> Nouvelle peinture en mosaïque (Extended uniquement). Double-cliquez sur votre arrière-plan pour visualiser le motif parfait et enregistrez-le : Édition> Utiliser comme motif.

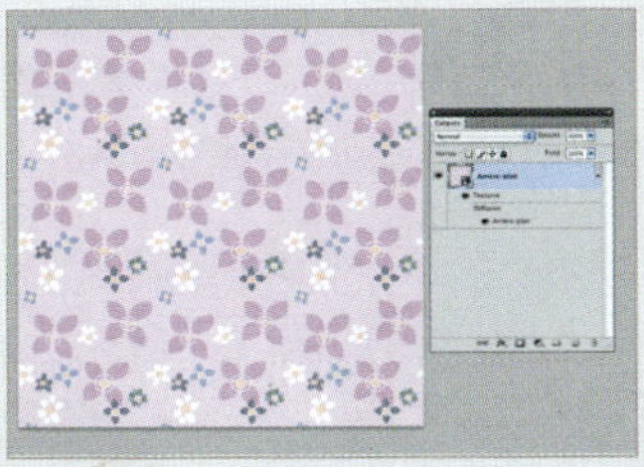

12 COMMENT EXPORTER VOS MOTIFS ?

Pour faire un échange ou réaliser un backup, allez dans les options du Pot de peinture. Affichez tous les motifs. Faites apparaître le menu déroulant et choisissez Gestionnaires des paramètres prédéfinis... Sélectionnez le ou les motifs et enregistrez.

L'ARTISTE
Étienne Simon, *aka YUIO, est un auteur belge (Namur) de 33 ans. Il a commencé son activité comme coloriste pour plusieurs maisons d'édition mais dédie à présent la majeure partie de son temps au dessin en réalisant soit des illustrations, soit des BD. http://chairafauteuil.over-blog.com/*

La BD

La bande dessinée subit peu à peu une évolution du traditionnel vers le numérique. Nombre de dessinateurs et de coloristes s'étaient promis de persister dans le traditionnel. Mais le besoin de produire toujours plus et plus vite pousse petit à petit de nombreux bédéistes vers le numérique. Toutefois, le dessin de base reste souvent traditionnel. Il est ensuite scanné, puis nettoyé en numérique. La colorisation, elle, est de plus en plus souvent réalisée avec des logiciels comme Photoshop. Et c'est un véritable gain de temps. Sans compter la possibilité de revenir facilement sur des choix ou encore d'en proposer plusieurs sans devoir faire et refaire.

LA SORCIÈRE, LE PRINCE & LE DÉMON

SUR LE CD : Retrouvez l'illustration PSD ainsi que tous les calques du tutoriel sur le CD en version basse résolution.

NOTRE EXPERT
Arthur Hugot
Artiste "touche-à-tout" par excellence, Arthur Hugot est dessinateur de passion, graphiste de formation et directeur artistique de profession. Né dans les années 70, il a connu la période émergente des jeux vidéo et du multimédia grâce à son Amiga multifonction. Depuis, toujours passionné par les arts visuels (BD, dessins animés, jeux vidéo, illustrations), il a poursuivi son chemin dans le graphisme, puis dans le Webdesign et l'animation Flash. Actuellement Global Art Director et Studio Manager chez Gameloft (jeux vidéo), il concilie la plupart de ses passions en tant que directeur artistique, concept artist, 3D artist et Studio Manager. Parallèlement, Arthur continue de dessiner pour le plaisir. Il organise diverses expositions à Paris et Tokyo (on peut d'ailleurs retrouver ses œuvres sur son site Web). Arthur est également l'auteur de deux livres pour enfants et ses travaux professionnels et personnels ont déjà été publiés dans divers ouvrages.
www.shaka-design.com
www.behance.net/arthurhugot

Création d'une illustration "CG" fantasy.

Le but de ce tutoriel est de montrer pas à pas les étapes les plus importantes dans la création d'une de mes illustrations "CG" (computer graphics). Il existe bien sûr une pléthore de méthodes de travail différentes depuis que la peinture digitale est apparue, j'en utilise moi-même plusieurs ainsi que divers outils en fonction du sujet et des besoins (croquis papier, références photo, 3D, etc.). Pour cette image en particulier, je suis parti d'une esquisse (croquis rapide) directement sur Photoshop (à l'aide d'une tablette Wacom Intuos) puis j'ai colorisé la totalité également sur le même logiciel. Je voulais dès le départ aboutir à une illustration faisant référence à l'Art nouveau et au symbolisme, d'où le choix d'une palette de couleurs restreinte. Nous verrons également que Photoshop est très intéressant dans la création et l'utilisation des Formes (communément appelées "brushes" en anglais ou "brosses").

01 GENÈSE D'UNE ILLUSTRATION

Pour cette illustration, j'ai commencé par dessiner une esquisse rapide directement sur Photoshop. Lorsque j'ai commencé à dessiner sur ordinateur, j'avais pour habitude de scanner un dessin papier puis de coloriser sur Photoshop. À l'instar de la plupart des artistes digitaux actuels, je dessine depuis quelques années directement sur Photoshop. Ma tablette Wacom Intuos me permet de conserver mon "coup de crayon" mais ajoute de la souplesse dans la création. Je peux par exemple "peindre" avec une forme qui va donner l'illusion d'un coup de pinceau "réel" avec ses irrégularités. Pour l'esquisse, j'ai néanmoins utilisé une forme ronde de base. J'ai gardé les formes irrégulières pour la colorisation.

« À l'instar de la plupart des artistes digitaux actuels, je dessine depuis quelques années directement sur Photoshop.»

02 CRÉER UN NOUVEAU DOCUMENT

Important : en créant ce nouveau document, j'ai pris soin de définir une résolution assez haute pour pouvoir imprimer cette illustration plus tard (document A4 avec un fond perdu d'environ 2 cm autour, format paysage à 300 dpi). Même si vous commencez une œuvre destinée au Web (faible résolution), prenez toujours l'habitude de créer l'image de départ avec une grande résolution. Il est toujours possible de diminuer la résolution d'une image par la suite, tandis que l'inverse n'est pas possible (tout du moins sans dégrader fortement la qualité).

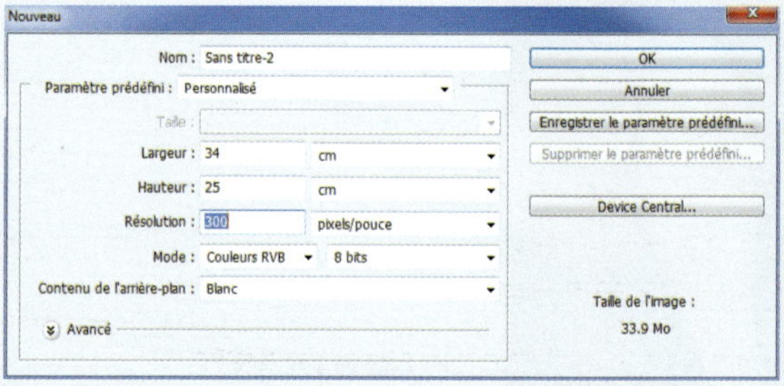

Croquis dans Photoshop

Si vous décidez de faire votre dessin directement dans Photoshop, ce qui est bien sûr tout à fait possible, n'hésitez surtout pas à utiliser les astuces du numérique. Dessinez votre croquis sur un calque transparent. Utilisez une forme de pinceau réglée sur Variation de l'opacité en fonction de la pression de la plume si vous avez une tablette graphique. Utilisez les pointes de crayon de votre tablette et dessinez pourquoi pas en bleu comme en traditionnel. Utilisez la fonction de miroir horizontal et l'outil Rotation de l'affichage pour faire tourner votre document comme une feuille.

03 UTILISER LES CALQUES POUR POSER LES BASES

Après avoir choisi une palette restreinte (noir plus trois teintes dominantes) et une base rouge (pour le calque “arrière-plan”), je vais commencer à utiliser des formes particulières ainsi que des textures photo qui me serviront de base pour obtenir un rendu un peu accidenté, plus proche de la peinture que d’une création sur ordinateur trop lisse et aseptisée. Le but est donc de créer l’illusion d’une œuvre “traditionnelle”, ou tout au moins de s’en rapprocher. Après avoir isolé l’esquisse sur un calque à part qui sera toujours en haut de la pile, je vais créer d’autres calques pour chaque couleur dominante. Dans ce cas précis, j’ai choisi des teintes proches (un camaïeu) dans les tons rouges et orange, ainsi qu’une teinte plus froide complémentaire dans la gamme des bleus.

04 VÉRIFIER LE CONTRASTE

Indépendamment des teintes, je vais continuellement faire attention au contraste de mon image. Pour ce faire, j’utilise toujours la même astuce : je crée un calque en haut de ma pile que je vais remplir de noir et passer son mode en Couleur. De cette façon, je peux vérifier l’équilibre entre les noirs et les blancs à n’importe quelle étape de ma création sans être perturbé par les informations couleurs en cochant et décochant la visibilité de ce calque. Si l’image apparaît globalement grise, le contraste n’est pas bon. Le contraste d’une image est très important, autant que le cadrage ou la composition par exemple.

05 UTILISATION DES FORMES SPÉCIALES "EFFET PEINTURE"

Pour donner plus de vie et accidenter les textures, je personnalise mes formes. N'importe quelle forme en noir et blanc peut servir de base à une nouvelle "brosse", les possibilités sont donc très étendues et l'utilisation des formes est une des fonctions les plus intéressantes de Photoshop, alors autant en profiter ! Dans cette illustration, j'ai principalement utilisé deux formes : une de type "rake", ou "râteau", ainsi qu'une autre, abstraite, dont nous allons voir la création étape par étape en dernière page de ce tutoriel.

06 AVANCER DANS LES DÉTAILS

Maintenant que les bases sont posées, je vais les regrouper dans un dossier pour y voir plus clair et avoir des calques bien rangés. Pour regrouper les calques, je les sélectionne, je vais dans le menu contextuel des calques (petite flèche en haut à droite du panneau Calques) et je choisis Nouveau groupe d'après les calques.
À présent, je duplique ce groupe et l'aplatis (Ctrl/Cmd+E). Sur ce calque, je vais pouvoir retravailler tous les détails en direct sans passer d'un calque à un autre. Par contre, j'ai bien gardé une copie de tous ces calques de base et je ne travaille que la couleur, la "line" se trouvant également toujours sur un calque à part.

« L'utilisation des formes est une des fonctions les plus intéressantes de Photoshop, alors autant en profiter ! »

07 AVANCER EN SAUVEGARDANT

Je vais ensuite créer plusieurs calques (base 2, 3, 4, etc.) qui me serviront de “sauvegardes” au cas où j’aurais envie de revenir en arrière. Au fur et à mesure, j’entre dans les détails, j’ajoute quelques teintes supplémentaires et je continue d’augmenter le contraste global progressivement.

08 AJOUTER PLUS DE FINITIONS

Je vais obscurcir le “line” pour continuer à contraster l’ensemble. Je rajoute des motifs de renard dans les habits et tentures pour donner plus de variations dans les textures. Pour la dernière étape, j’aplatis ma dernière base de couleurs avec ma “line” (toujours sélection des calques et Ctrl/Cmd+E) en ayant pris soin de dupliquer auparavant.

09 FINALISATION DE L’IMAGE

À présent, je peux modifier les détails et textures à l’intérieur des parties noires. Je rajoute tous les petits détails avec une forme ronde de base, de taille très fine. J’en profite pour ajouter des motifs décoratifs et mélanger les teintes au maximum dans les petits détails. Une de mes références visuelles principales dans cette création est le travail de Gustav Klimt, d’ailleurs visible dans une majeure partie de mes travaux. Après avoir retravaillé une dernière fois le contraste global et les teintes (outil Remplacement de couleur), je peux enfin aplatir l’ensemble pour l’exporter (gardez une version PSD avec tous les calques), ajouter un cadre et une signature. L’illustration est enfin terminée.

Travailler en détail en gardant une vue d'ensemble

Astuce : comme j'ai besoin de travailler de très près et que j'aimerais avoir une vue d'ensemble au même moment pour voir les corrections en temps réel, je vais afficher deux fois la même image avec deux tailles d'affichage différentes. Pour ce faire, allez dans l'onglet Fenêtre> Réorganiser> Nouvelle fenêtre pour... Une fois la nouvelle fenêtre activée, vous pouvez travailler sur les détails dans l'une des fenêtres et voir le résultat dans l'autre, ce qui est très pratique pour travailler de très près !

10 CRÉER VOTRE PROPRE FORME 1/4

Vous pouvez créer des formes à partir de n'importe quel graphique, bout de photo, texture, etc. Pour cette forme en particulier, je suis parti de mécanismes, tuyaux et rouages, puis j'ai sculpté dedans avec une forme de base pour obtenir une forme un peu abstraite en noir et blanc.

11 CRÉER VOTRE PROPRE FORME 2/4

Sélectionnez tout et faites Édition> Définir une forme prédéfinie pour créer un nouveau type de forme. Cette nouvelle forme apparaîtra en bas de la liste des autres formes. Maintenant, vous pouvez éditer les paramètres et comportement de cette nouvelle forme. Faites apparaître la fenêtre des formes en tapant sur la touche F5. Vous pouvez tout changer ici, mais personnellement je me concentre surtout sur quelques paramètres importants.

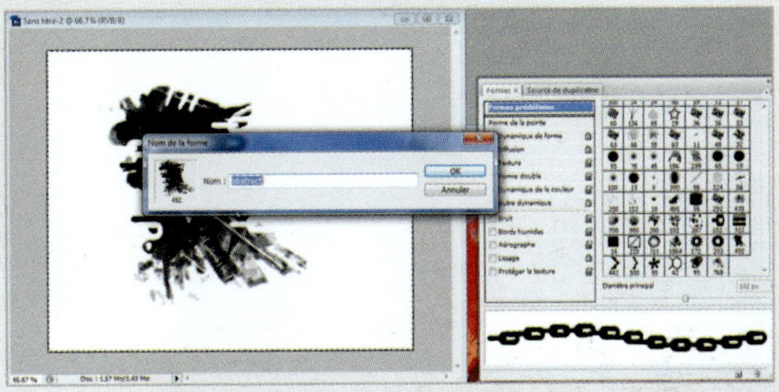

12 CRÉER VOTRE PROPRE FORME 3/4

Dynamique de forme : permet de varier l'épaisseur de la forme en fonction de la force appliquée au stylet de la tablette. Vous pouvez aussi définir l'orientation de la forme, par exemple en fonction de la direction que vous prenez lors d'un tracé. Autre dynamique permet de varier l'opacité de la forme en fonction de la force imprimée au stylet de la tablette.

Vous pouvez ajouter plus de complexité dans la forme en apportant de la texture à l'intérieur, il est également possible d'utiliser la forme double pour mixer des formes. La dynamique de la couleur sert à dégrader des couleurs en temps réel, encore une fois selon la pression du stylet. Mais, dans cet exemple, les deux paramètres cités ci-dessus m'ont suffi.

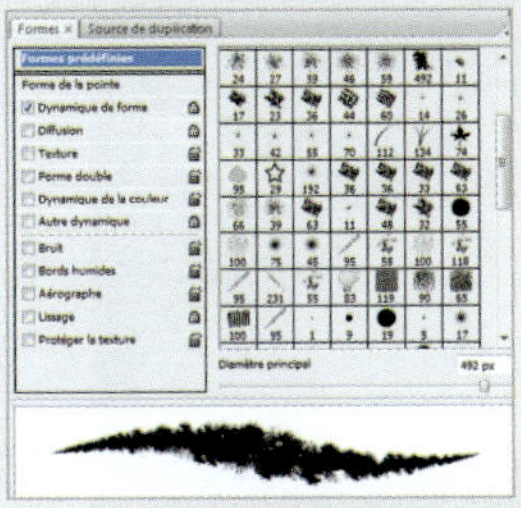

13 CRÉER VOTRE PROPRE FORME 4/4

Vous pouvez ensuite directement régler la taille de votre forme et commencer à la tester (ici en blanc sur fond rouge). Vous pourriez créer une forme “feuille” par exemple pour vous aider à créer rapidement des décors plutôt que de dessiner les feuilles une à une. En plus, cette fonction est très ludique et vous serez surpris de vos découvertes en essayant différents paramètres !

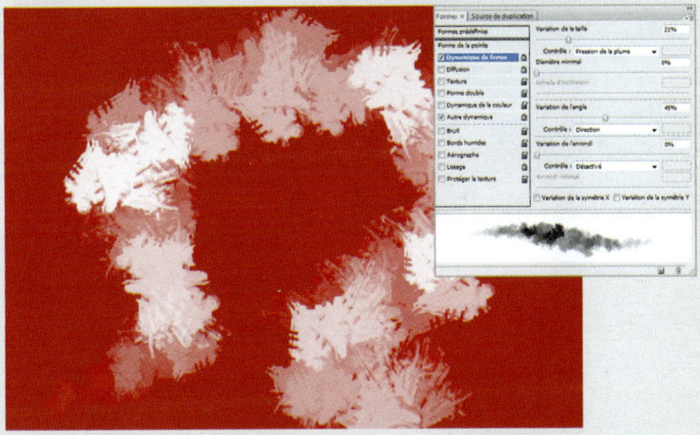

© 2008 Arthur Hugot

L'ARTISTE

Arthur Hugot

Artiste "touche-à-tout" par excellence, Arthur Hugot est dessinateur de passion, graphiste de formation et directeur artistique de profession. Né dans les années 70, il a connu la période émergente des jeux vidéo et du multimédia grâce à son Amiga multifonction. Depuis, toujours passionné par les arts visuels (BD, dessins animés, jeux vidéo, illustrations), il a poursuivi son chemin dans le graphisme, puis dans le Webdesign et l'animation Flash. Actuellement Global Art Director et Studio Manager chez Gameloft (jeux vidéo), il concilie la plupart de ses passions en tant que directeur artistique, concept artist, 3D artist et Studio Manager. Parallèlement, Arthur continue de dessiner pour le plaisir. Il organise diverses expositions à Paris et Tokyo (on peut d'ailleurs retrouver ses œuvres sur son site Web). Arthur est également l'auteur de deux livres pour enfants et ses travaux professionnels et personnels ont déjà été publiés dans divers ouvrages.
www.shaka-design.com
www.behance.net/arthurhugot

Les masques

Les masques de Photoshop fonctionnent comme des pochoirs. Lorsque vous ajoutez un masque à un calque en cliquant sur l'icône en bas du panneau Calques, une nouvelle vignette s'ajoute à droite de celle du calque. Vous pouvez cliquer une fois sur cette vignette pour l'activer et peindre sur ce masque puis recliquer sur la vignette du calque pour l'éditer à son tour.

Vérifiez toujours que vous êtes sur la bonne vignette avant de peindre. Une fois sur celle du masque, si vous peignez en noir vous allez masquer ce qui se trouve sur le calque, mais ce n'est qu'une illusion, le calque reste intact. Avec du blanc, vous faites réapparaître le contenu du calque. Preuve en est le raccourci Maj+clic sur la vignette du masque qui le rend inactif jusqu'à ce que vous recliquiez dessus avec ce même raccourci.

Une fois votre masque peint, vous pouvez à tout moment le transformer en sélection en faisant un Ctrl/Cmd+clic sur sa vignette. Notez qu'en plus de peindre dessus vous pouvez utiliser d'autres outils comme le Pot de peinture, les dégradés, etc. toujours en niveaux de gris. Et même le raccourci Ctrl/Cmd+T qui permet de redimensionner le contenu du masque. Enfin, vous pouvez cliquer sur la chaîne entre le calque et le masque pour les désolidariser.

CHEVAUCHEUR DE DRAGON

Réalisez votre propre illustration dans le monde de l'Heroic Fantasy.

Du croquis de départ jusqu'à l'image finale, ce tutoriel va vous montrer pas à pas comment réaliser vous-même votre illustration de couverture de jeu de rôle. Armé d'une patience solide et d'un bon coup de crayon, vous devriez être à même de réaliser n'importe quelle illustration grâce à quelques techniques simples et quelques astuces. Restez critique face à votre travail et n'hésitez à le fermer de temps en temps (sans oublier de le sauvegarder) pour prendre du recul. Un regard frais sur votre image est la garantie d'un travail réussi.

SUR LE CD : Il n'y a pas d'éléments sur le CD pour ce tutoriel.

NOTRE EXPERT
Alexandre Bonvalot

Alexandre Bonvalot, 36 ans, est directeur artistique dans l'univers du jeu vidéo. Passionné par le dessin depuis tout petit, il utilise aussi bien Photoshop que 3ds Max ou Flash. http://alex.bonvalot.free.fr/

01 COMMENCER AVEC UN CROQUIS

Créez un nouveau document : Fichier> Nouveau> Document> A4. Inutile pour le moment de travailler sur un format trop grand : il s'agit ici d'un simple croquis qui ne doit pas prendre plus d'une demi-heure à réaliser. Trois ou quatre niveaux de gris doivent suffire à mettre en place la scène. L'objectif ici est de définir les silhouettes et la mise en scène. N'hésitez pas à effacer certaines parties et à revenir sur le dessin sans prêter attention aux finitions. Pour plus de facilité, chaque personnage est dessiné sur un calque différent, ce qui vous permettra de les ajuster séparément par la suite. Vous pouvez organiser vos éléments en différents dossiers de calques.

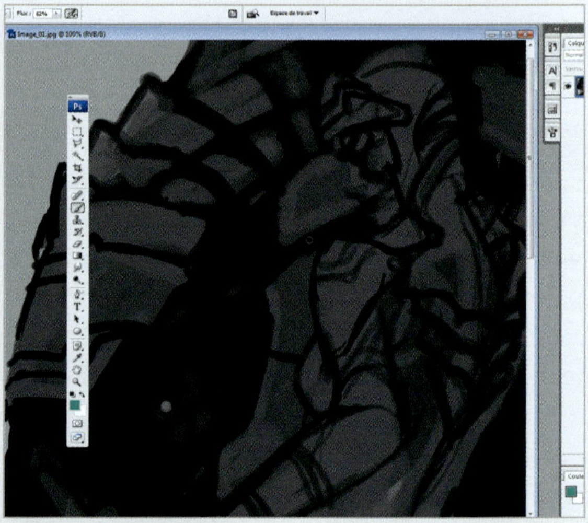

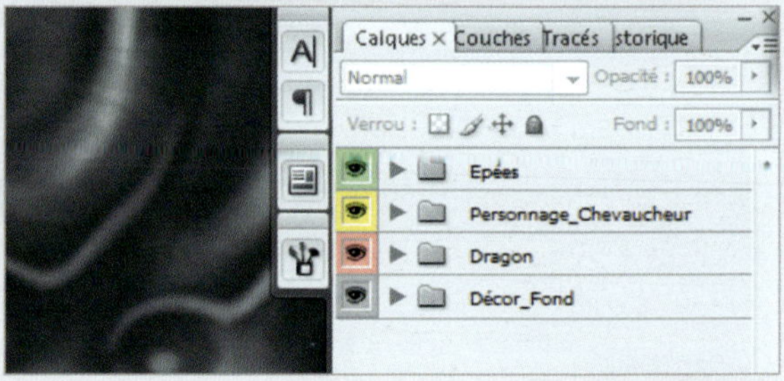

Croquis

Je commence toujours par un croquis en résolution écran (72 dpi) pour éviter de me perdre dans les détails et aller tout de suite à l'essentiel. Quand vous serez satisfait de votre croquis, vous pourrez agrandir votre image en augmentant sa résolution sans toucher au format ni au ratio (Image> Taille de l'image> Résolution).

« La forme du casque, du visage et de l'armure se dessinent grâce aux ombres portées. »

02 PRÉCISER LE DESIGN

Précisez maintenant le design de vos personnages. La forme du casque, du visage et de l'armure se dessinent grâce aux ombres portées. Je commence à affirmer les volumes avec une forme Aérographe floue à 50 % d'Opacité. Ces ombres sont placées sur un calque en mode Produit à 60 % d'Opacité. J'en profite pour faire aussi un peu de ménage avec l'outil Doigt à 50 % d'Intensité. Pour créer les courbes parfaites des épées, j'ai utilisé l'outil Plume (tracé vectoriel).

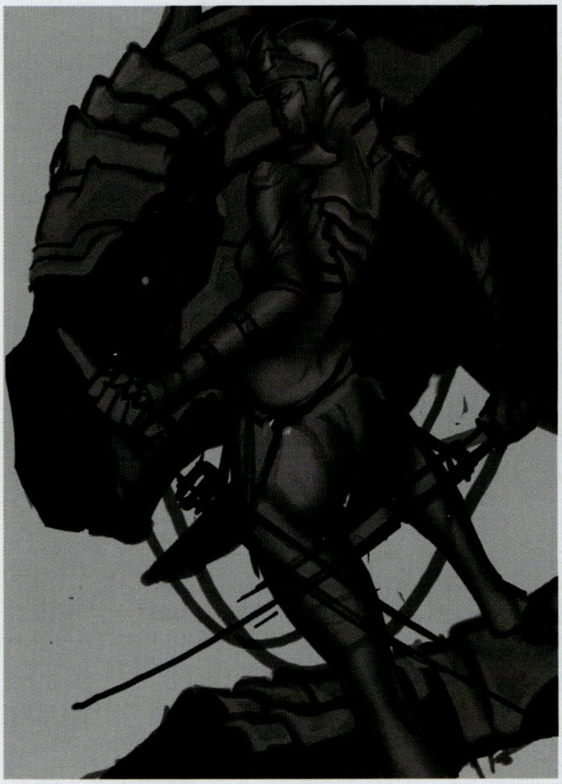

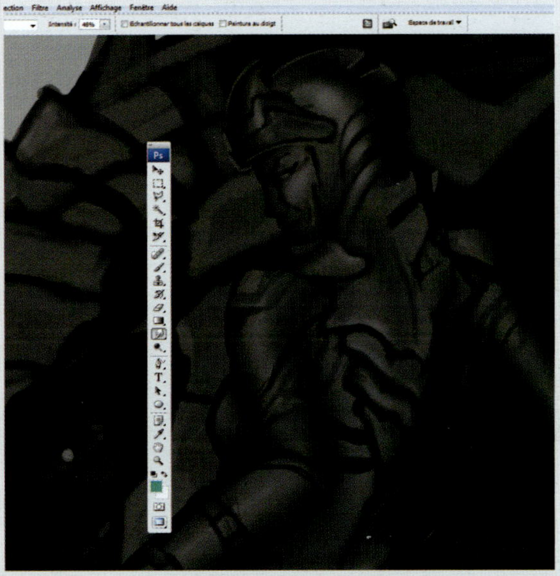

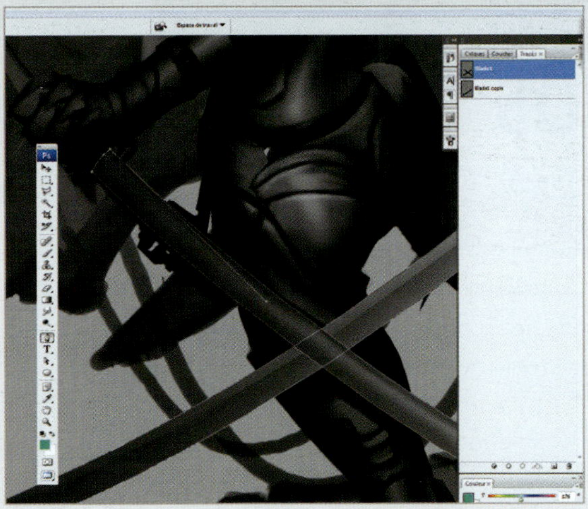

Plume

Si vous maîtrisez bien la Plume, vous pouvez en profiter pour dessiner avec puis utiliser la fonction Contour du tracé pour créer un contour en pixels à partir de votre tracé.

03 CRÉER LES DIFFÉRENTS PLANS

Dans un souci de lisibilité de l'image, il faut créer une hiérarchie entre les différents plans de l'image pour que tout ne se retrouve pas sur un même plan. Ce découpage en plans de l'image permet aussi de créer un effet de profondeur. C'est une technique héritée des peintres classiques, comme on peut le voir dans *La Joconde* de Léonard de Vinci (technique du "sfumato" ou perspective atmosphérique). Je crée ainsi une perspective dans mon décor sans avoir à ne tracer aucune ligne de fuite ! N'hésitez pas à utiliser des calques de réglage d'image pour ajuster les niveaux de contraste de vos différents plans.

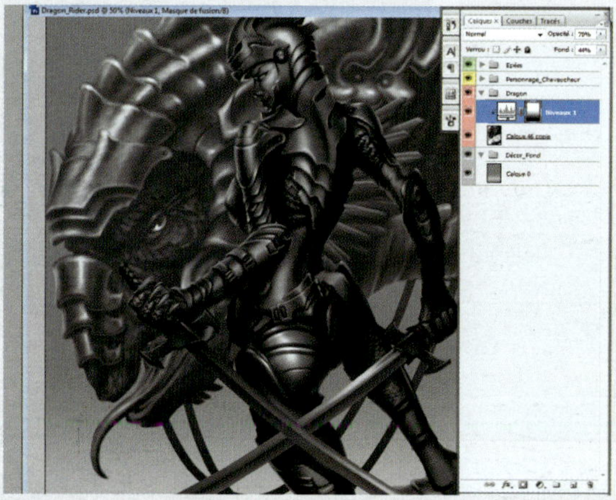

04 POSER LA LUMIÈRE

Pour préciser encore plus mes formes, je pose les reflets de lumière, les "spots". Il faut mettre en évidence les endroits où la lumière accroche sur les volumes. J'utilise pour ça un calque en mode Incrustation à 60 % ainsi qu'une forme ronde et précise avec une très faible opacité. Attention toutefois aux matériaux, ils n'ont pas tous la même matité. Tout ne brille pas de la même façon, alors sachez garder des zones mates !

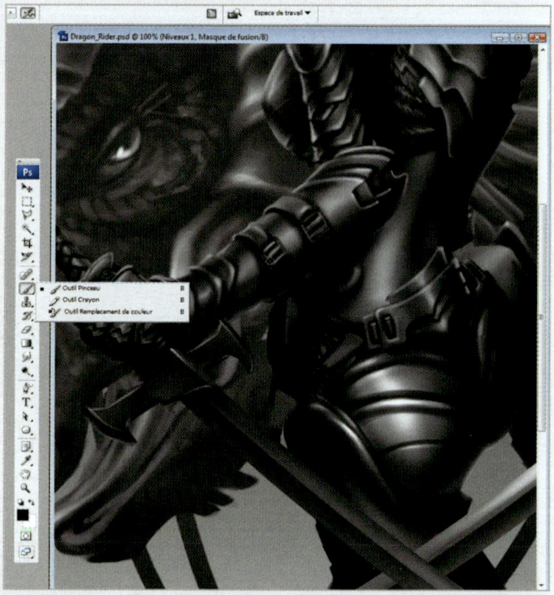

05 VÉRIFIER VOTRE DESSIN

C'est le moment d'un premier bilan. Pour vérifier que vous êtes sur la bonne voie, faites une image miroir de votre dessin grâce à Image> Rotation de la zone de travail> Symétrie horizontale. Tous les défauts vont alors apparaître comme par magie. Apportez les corrections nécessaires avant de remettre l'image dans son sens d'origine.

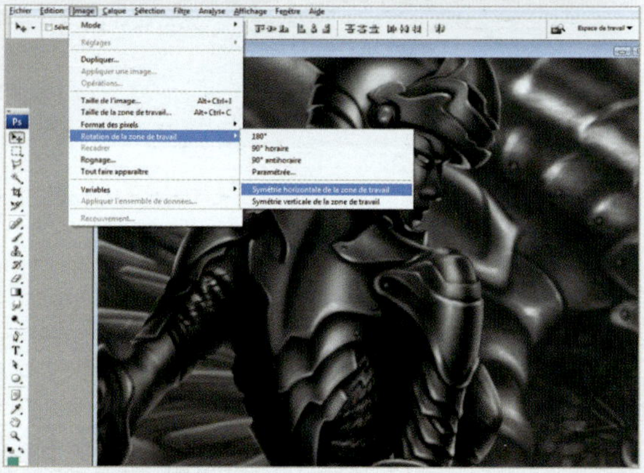

06 CRÉER VOS PROPRES FORMES

La réalisation de certaines matières nécessitera de créer vos propres formes. Ici, pour les effets de mailles (ou les écailles du dragon), j'en ai créé une dont le motif initial est en forme de S. Sur un nouveau calque, dessinez en noir l'aspect de base de votre forme. Faites-en une sélection puis allez dans Édition> Créer une nouvelle forme définie. Il ne vous reste plus qu'à paramétrer les options de pression de la plume et votre forme est prête à être utilisée.

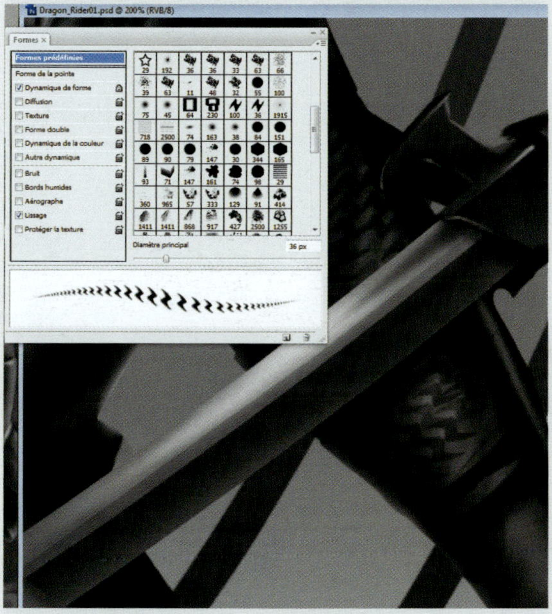

« La réalisation de certaines matières nécessitera de créer vos formes. Pour les effets de mailles, j'en ai créé une avec un motif en forme de S. »

07 METTRE D'APLOMB

Pour remettre des éléments d'aplomb, j'utilise l'outil Transformation manuelle (Ctrl/Cmd+T). J'ajuste ainsi les échelles, les inclinaisons, les perspectives. L'option Déformation est très utile pour les déformations courbes. J'utilise aussi très souvent le filtre Fluidité pour ajuster mes formes, les déplacer, les grossir, etc.

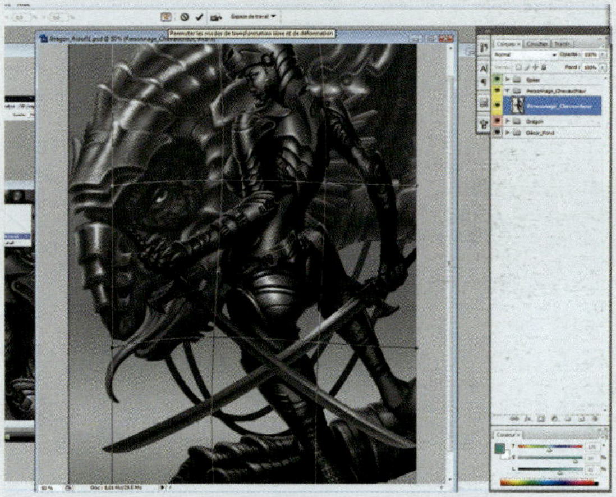

Fluidité

Le filtre Fluidité de Photoshop peut vous aider à réaliser des effets très marqués en étirant les pixels et en les tordant dans tous les sens. Mais si vous souhaitez faire quelques modifications globales sur une image, il peut également être d'une aide non négligeable pour redresser des silhouettes, des bâtiments, etc.

Pensez juste à régler sa Pression sur de petits nombres pour ne pas trop modifier les pixels.

08 VÉRIFIER LES NIVEAUX

Toute l'image a été travaillée entièrement en niveaux de gris : il est temps d'ajuster les contrastes avant de poser votre gamme colorée. Pour que l'image soit correctement contrastée, vous pouvez utiliser au choix les outils Courbes ou Niveaux. Dans les Niveaux, il faut placer le curseur noir au début de l'histogramme et le curseur blanc à la fin. Vous pouvez aussi jouer sur le curseur central qui est celui du gamma.

09 LA MISE EN COULEURS

C'est le moment de poser les bases de votre gamme colorée. Je commence généralement à travailler en grandes zones de couleurs en créant un calque Produit que je remplis ici de rouge sombre. J'ajoute ensuite les autres masses de couleurs principales : le beige de la peau, le vert des écailles de dragon et le gris des lames des épées.

10 UN PETIT PEU DE MATIÈRE

Pour donner un peu de matière rouille au métal de mes armures, j'intègre dans mon fichier un calque contenant une image de texture de plaque de rouille (certains sites sur Internet proposent gratuitement des images de textures). Ce calque est généralement en mode Incrustation. Il suffit ensuite de régler son opacité pour que la texture reste la plus discrète possible.

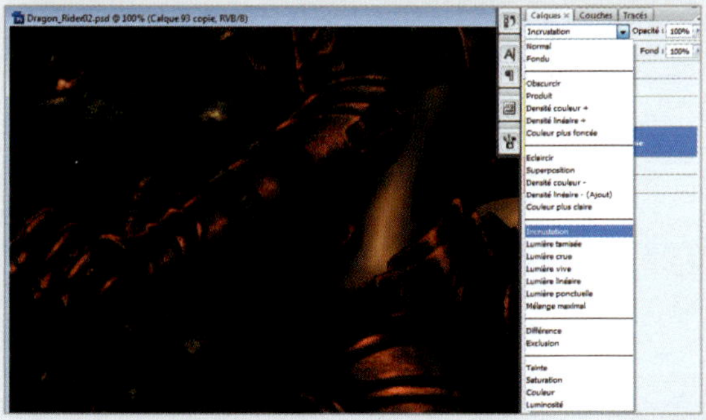

11 LUMIÈRE ET ÉCLAIRAGE

Pour donner de la brillance à mes pièces d'armure, je dessine en blanc avec une forme très légère les reflets de lumière sur un nouveau calque (option Incrustation). Avec une légère forme floue (50 % d'Opacité), j'apporte une discrète contre-lumière sur l'extérieur de mes silhouettes. Cette contre-lumière permet de lier et d'intégrer les personnages dans l'environnement. Utilisez l'outil Pipette pour récupérer une couleur qui existe déjà dans votre scène (dans le décor de fond par exemple).

« Utilisez l'outil Pipette pour récupérer une couleur qui existe déjà dans votre scène. »

12 LE DÉCOR

Dans cet exemple, le fond du décor ne représente qu'une très petite surface de l'image. Travaillez en priorité des silhouettes en contre-jour dans votre décor : c'est plus simple, plus rapide à réaliser et l'imagination de vos spectateurs fera le reste !

13 LA TOUCHE FINALE

J'ajoute enfin les effets spéciaux : à vous les poussières magiques, les lames de feu ou encore les éclairs foudroyants. Ici, je commence par créer sur un nouveau calque une petite étoile. Elle est dessinée en blanc puis inclinée. Je modifie ensuite son mode de fusion en Densité linéaire - en diminuant l'Opacité et le Fond (généralement aux environs de 50 % d'Opacité et de 30 % de Fond). Enfin, je la multiplie dans des tailles différentes afin d'obtenir une petite nuée d'étoiles. Il ne vous reste plus qu'à dupliquer cette nuée là où bon vous semble.

14 AMÉLIORER VOTRE IMAGE

Vous pouvez maintenant essayer d'améliorer le rendu de votre image. Vous pouvez y ajouter un cadre, ajuster les contrastes avec un calque de réglage Courbes et améliorer la netteté avec le filtre Renforcement> Netteté optimisée. Vous pouvez aussi simuler une profondeur de champ pour attirer le focus du regard vers les zones centrales. Dupliquez votre image complète dans un nouveau calque. Appliquez-lui le filtre Atténuation> Flou de l'objectif, puis ajoutez à ce même calque un masque de fusion. Il ne vous reste plus qu'à y appliquer un dégradé circulaire pour faire doucement apparaître l'image nette du calque du dessous. Voilà, votre image est terminée et prête à être dévoilée !

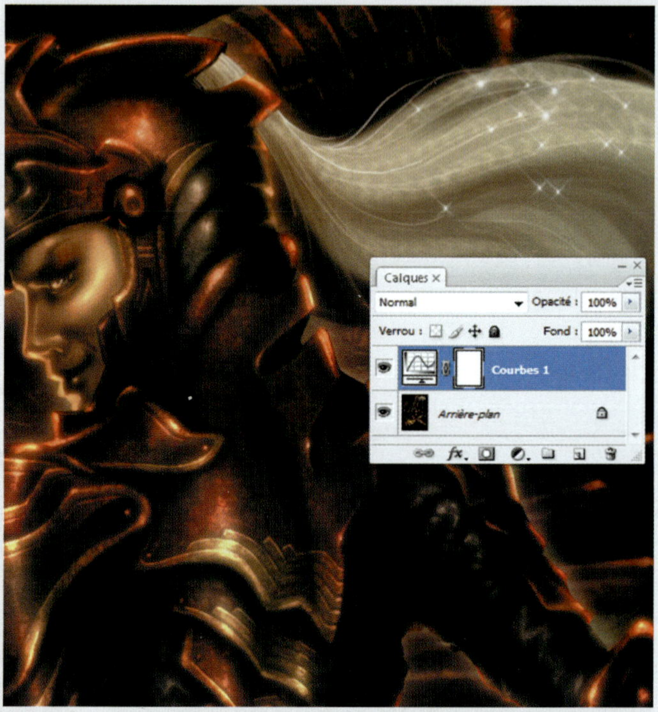

Cadre

Quoi de mieux pour mettre en valeur une peinture qu'un cadre ? Après tout, en traditionnel, c'est plutôt courant ! Évidemment, il ne s'agit pas ici de partir dans des délires de cadres en bois avec des dorures à l'or fin. Au lieu de cela, vous pouvez passer par des plugins comme ceux d'Auto FX. Photo/Graphic Edges propose, à travers une interface très conviviale, d'ajouter des cadres créatifs à vos images. Chaque cadre dispose d'options réglables à volonté.

Bien sûr, vous pouvez également créer vos propres cadres à l'aide de pinceaux grunge par exemple.

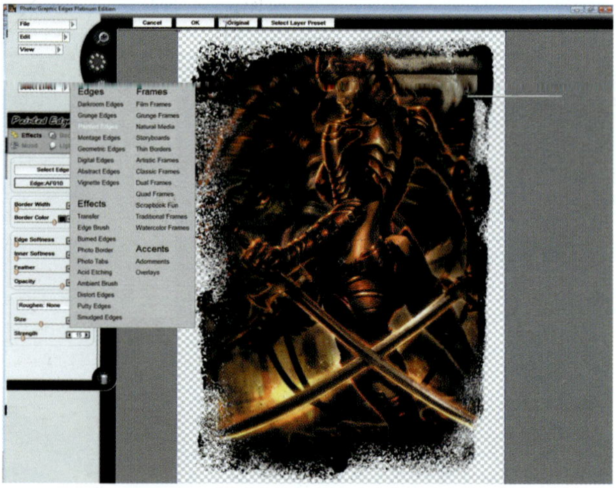

Crayon et papier

Encore une fois, Photoshop n'est qu'un outil. Et rien ne vous oblige à l'utiliser lui et lui seul pour créer une peinture. En matière de dessin, les artistes sont divisés en deux catégories : ceux qui dessinent d'abord sur papier puis scannent et ceux qui dessinent directement dans Photoshop.

Si vous avez débuté directement avec Photoshop et n'avez jamais dessiné auparavant ailleurs qu'à l'école, nous vous conseillons vivement de faire le test. Un carnet de croquis reste un outil facile à transporter partout. Croquez tout ce que vous voyez et vous aurez ainsi des bases pour des créations intéressantes, en plus de vous entraîner. Dans les transports, à la plage, etc. Ne perdez jamais le contact avec l'outil traditionnel et basique qu'est le crayon.

L'ARTISTE
Alexandre Bonvalot, *36 ans, est directeur artistique dans l'univers du jeu vidéo. Passionné par le dessin depuis tout petit, il utilise aussi bien Photoshop que 3ds Max ou Flash.*
http://alex.bonvalot.free.fr

EMMY NOËTHER

1956 - 1979

MOON

EMMY NOETHER

Réalisez un portrait au style traditionnel.

Les objectifs de ce tutoriel sont de voir comment mettre en couleurs un dessin sous Photoshop d'une manière relativement simple, d'obtenir un fichier final très "flexible" pour ce qui est de l'ajustement des couleurs entre elles et des éléments graphiques.

Même si ici vous n'aurez pas à dessiner directement dans Photoshop, l'utilisation d'une tablette graphique vous sera utile. Il vous sera cependant nécessaire de savoir dessiner pour préparer un dessin en amont. Si ce n'est pas le cas, nombre de dessinateurs proposent leurs "lines" (dessins au trait prêts à la mise en couleurs) ; vous pourrez en trouver sur la plateforme DeviantART par exemple. Attention tout de même aux droits d'utilisation ! Bonne créa !

SUR LE CD : Il n'y a pas d'éléments sur le CD pour ce tutoriel.

NOTRE EXPERT
Moon
Moon est à la fois un graphiste issu de la scène graffiti du début des années 90, un illustrateur qui utilise aussi bien les techniques traditionnelles que l'infographie, et un peintre qui mêle les différents aspects de sa formation pour aboutir à une œuvre personnelle, composée d'un univers qui lui est propre. www.mxtr.org

01 IMPORTER LE CROQUIS

Ouvrez Photoshop. Commencez par créer un document A4 à 300 dpi en RVB. Vous pouvez ouvrir le dessin de base que vous aurez préparé en amont et le glisser dans votre document Photoshop. Vous aurez scanné ou pris en photo votre dessin au crayon avec une résolution supérieure au format final afin d'avoir la meilleure qualité possible. Ensuite, sélectionnez le calque d'arrière-plan, faites un clic droit dessus et supprimez le calque.

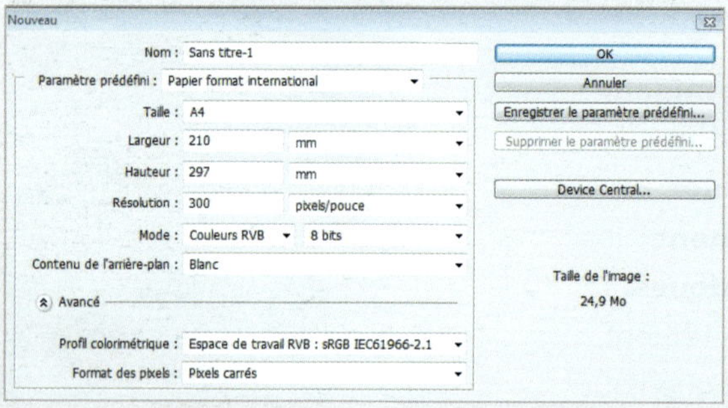

02 CONTRASTER LE CROQUIS

Je vais maintenant sélectionner le calque dessin que j'ai préalablement centré dans le document. Je clique sur le menu Image> Réglages> Niveaux (Ctrl/Cmd+L). Je fais glisser les curseurs pour accentuer les contrastes de l'image. Il ne faut pas en abuser sous peine de "brûler" l'image et perdre ainsi en qualité. Cette opération permet d'obtenir une image plus propre. Ensuite, je passe l'image en mode de fusion Produit dans le panneau Calques.

03 DÉBUT DE COLORISATION

Je crée un calque sous le calque "dessin". Je sélectionne le Pinceau (B) avec une forme dure et Variation de l'opacité en fonction de la Pression de la plume. Je remplis la zone de peau. Je répète l'opération pour chaque zone. Je garde la couleur sous le dessin afin de conserver la texture du trait. Chaque couleur sur un calque séparé permet plus de flexibilité pour les changements et ajustements.

04 PLUS DE COULEUR

Je crée un nouveau calque toujours sous le calque “dessin” mais au-dessus du calque “peau”. Je sélectionne le Pinceau (B) avec une forme floue et ajoute quelques zones plus rouges comme sur l’épaule, le nez et les lèvres afin de rendre la colorisation un peu plus vivante.

05 PREMIÈRES OMBRES

Je crée un nouveau calque sous le calque “dessin” mais au-dessus des calques de couleurs. Je le passe en mode de fusion Produit. Je sélectionne une forme plutôt dure avec Opacité en fonction de la Pression de la plume. Je sélectionne un noir à 50 % dans la palette de couleurs et commence à appliquer une première ombre sur le personnage.

06 PROFONDEUR

Je crée un nouveau calque sous le calque “dessin” mais au-dessus des calques de couleurs. Je le passe en mode de fusion Produit. Je sélectionne une forme plutôt dure avec Opacité en fonction de la Pression de la plume. Je sélectionne un noir à 80 % dans la palette de couleurs et applique une deuxième ombre pour accentuer la première et ainsi donner plus de profondeur à l’illustration.

07 LUMIÈRES

Je crée un nouveau calque sous le calque “dessin” mais au-dessus des calques de couleurs. Je sélectionne une forme plutôt dure avec Opacité en fonction de la Pression de la plume. Je sélectionne un blanc dans la palette de couleurs et applique quelques lumières sur le nez, les épaules et les salières pour les mettre un peu en relief.

« Cette lumière permet de renforcer le modelé de certaines zones en venant masquer le dessin original. »

08 CHEVEUX ET ROBE

Sur un nouveau calque, toujours avec la même méthode, j'ajoute d'autres zones de lumière sur le dessus des cheveux et sur le haut de la robe. Cette lumière permet de renforcer le modelé de certaines zones en venant masquer le dessin original.

10 GROUPER LES CALQUES

Je crée ensuite un groupe de calques en sélectionnant tous les calques puis en faisant Ctrl/Cmd+G. J'y applique un masque de fusion en cliquant sur l'icône Masque de fusion en bas du panneau Calques. Ce masque va servir pour créer un cadre à l'image.

09 OMBRE PORTÉE

Je crée un nouveau calque sous tous les calques du personnage. Je sélectionne une forme floue avec Opacité en fonction de la Pression de la plume. Je sélectionne un foncé légèrement bleu dans la palette de couleurs et crée l'ombre portée du personnage sur le fond. Cette ombre permet de "décoller" légèrement le personnage du fond.

Ombre portée

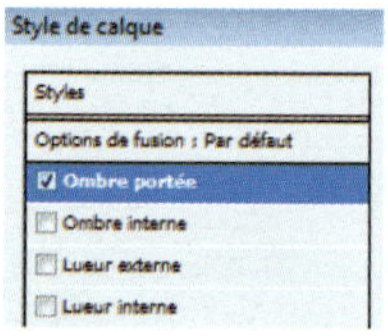

Comme vous devez déjà le savoir, Photoshop propose la création d'ombres portées automatique par le biais des styles de calque. Cependant, ces ombres sont complètement homogènes sur tous leurs contours et par là même pas toujours réalistes. Il est préférable en peinture numérique de créer vos ombres à l'aide d'un calque et d'un pinceau.

11 CADRE ELLIPTIQUE

Je sélectionne le groupe de calques, je clique sur le masque puis je prends l'outil Ellipse de sélection. Je crée une sélection ovale centrée sur le personnage (en maintenant la touche Alt pour partir du centre de l'ellipse). J'intervertis la sélection (Ctrl/Cmd+I ou par le menu Sélection> Intervertir). Je sélectionne une couleur noire et remplis la sélection. Ainsi tous les éléments hors de l'ovale sont alors masqués.

12 DÉGRADÉ

Je crée un calque sous le groupe "personnage". Je récupère ma sélection ovale en faisant Ctrl/Cmd+clic sur le masque de fusion. Je sélectionne l'outil Dégradé (G) et choisis une teinte de base qui va vers la même couleur mais en plus claire. J'applique le dégradé radial dans la zone sélectionnée. Je crée un nouveau calque sous tous les calques et le remplis de noir.

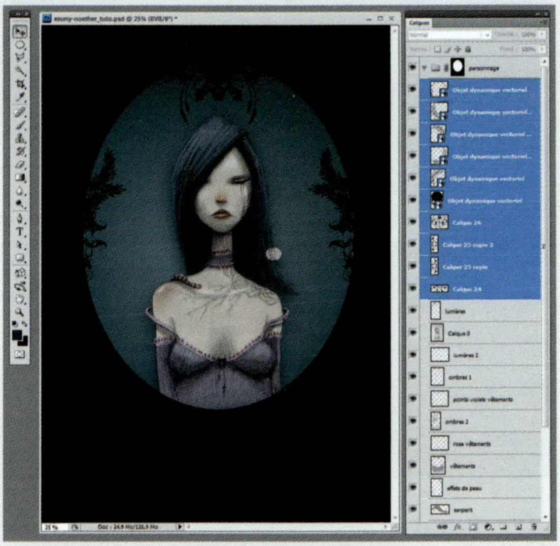

13 FORMES VECTORIELLES

Je vais ensuite chercher quelques formes vectorielles intéressantes sur http://www.bittbox.com. Je les ouvre avec Illustrator, les copie/colle en tant qu'Objets dynamiques vectoriels une par une dans mon document Photoshop. Il ne vaut mieux pas les coller en "pixels" car cela ne permet pas d'ajuster leur taille sans perdre en qualité.

« Je vais ensuite chercher quelques formes vectorielles intéressantes sur http://www.bittbox.com. »

« Je groupe les derniers calques pour gagner en lisibilité dans le panneau Calques. »

14 FILETS MULTIPLES

Pour créer les filets de contour noirs, je sélectionne l'ovale du masque de fusion et clique sur le menu Sélection> Modifier> Contracter> 10 pixels. Je crée ensuite un nouveau calque et vais dans Édition> Contour. Je sélectionne le calque, double-clique dessus et applique un style Contour pour gérer l'épaisseur. Je réitère l'opération pour le deuxième filet. Je compose ensuite avec mes éléments vectoriels. Je groupe tous ces derniers calques pour gagner en lisibilité dans le panneau Calques.

15 BANDES VERTICALES

Je crée un nouveau calque au-dessus du calque "couleur ovale". Sous Illustrator, j'ai préparé une série de bandes verticales blanches que j'importe dans le document. Je sélectionne le mode de fusion Incrustation et baisse l'Opacité à 20 %.

16 CHANGEMENT DE COULEUR

J'importe deux formes téléchargées sur http://www.bittbox.com que je place sur deux calques séparés afin de pouvoir ajuster. Je leur donne la couleur de l'ombre portée du personnage.

Je crée ensuite un calque de réglage Teinte/Saturation au-dessus du calque "ombre portée" afin de modifier la couleur du fond.

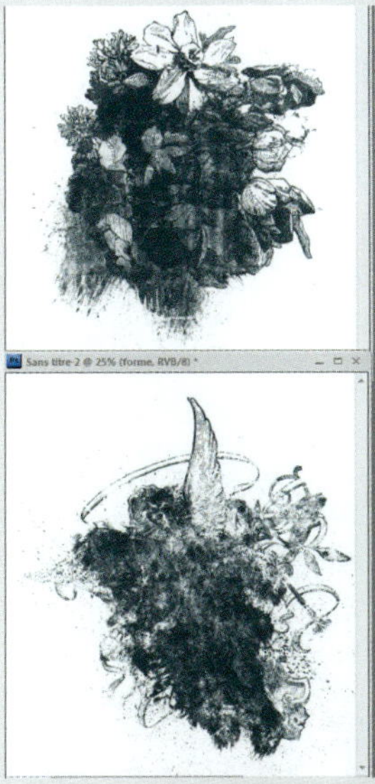

17 TEXTURE

Je place une texture foncée au-dessus de tous les calques. Je sélectionne le mode de fusion Couleur plus claire afin que la texture "n'accroche" que sur le noir.

18 COURBES

J'ajoute un calque de réglage Courbes au-dessus de l'ensemble des calques afin de modifier les couleurs dans leur globalité et donner un léger effet vieilli.

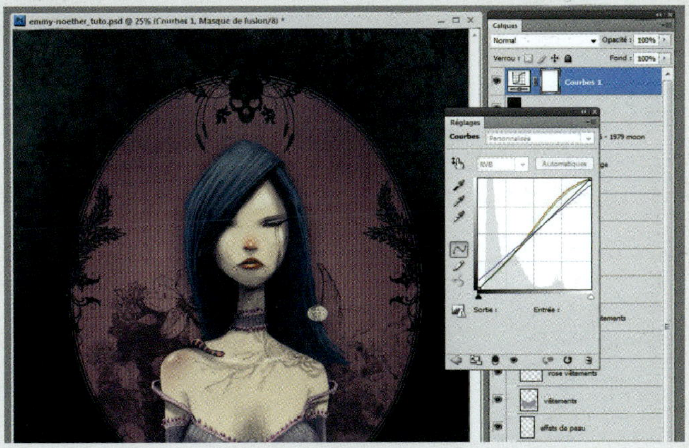

L'ARTISTE

Moon *est à la fois un graphiste issu de la scène graffiti du début des années 90, un illustrateur qui utilise aussi bien les techniques traditionnelles que l'infographie, et un peintre qui mêle les différents aspects de sa formation pour aboutir à une œuvre personnelle, composée d'un univers qui lui est propre. www.mxtr.org*

Les textures

Vous pouvez tout à fait vous contenter d'un pinceau et de vos couleurs pour réaliser de superbes créations. Cependant, vous pouvez vous amuser un peu et pratiquer ce qu'on appelle le Mixed Media. Scannez alors tout ce qui vous plaît (dans la mesure du raisonnable et de la taille de votre scanner) pour utiliser ces éléments dans vos créations : feuilles de papier, tissus, etc. Ou encore prenez des photos de murs, de sols, etc.
Ces textures vous seront utiles pour enrichir vos créations. Utilisez les modes de fusion et les masques pour les fondre dans vos peintures. Qu'elles soient peu ou très visibles, elles donneront du cachet et une touche personnelle à vos créations.
Si vous n'avez pas de scanner ou d'appareil photo, allez sur Internet pour trouver des sites qui proposent des textures gratuites comme www.cgtextures.com, freetexture.net ou encore www.textureking.com. Faites des requêtes avec les mots-clés "free texture" et vérifiez toujours les conditions d'utilisation.

NOUVEAUTÉ
CS5

PEINTURE RÉALISTE AVEC LA CS5

Optimisez vos transformations picturales avec la CS5.

L'équipe de développement de Photoshop a insisté, dans sa toute récente version CS5, sur les capacités picturales du logiciel, répondant ainsi à une demande de la communauté des utilisateurs qui souhaitait davantage de réalisme et une meilleure interaction avec les outils de peinture. White Rabbit, ou Photoshop 12, permet désormais de faire appel à des formes d'outils et des modes de peinture beaucoup plus intuitifs.

SUR LE CD : Fichier de travail en PSD et l'image originale, montagne-mjDXcTE.jpg.

NOTRE EXPERT
Thibaut Hofer
Thibaut Hofer est graphiste et pousse ses recherches personnelles et professionnelles dans les domaines du prépresse et de l'open source. Rédacteur technique et traducteur pour la presse spécialisée, il est également auteur pour Dunod et Elephorm.

01 CHOISIR L'IMAGE

La nouvelle déclinaison de l'outil Pinceau permet de mélanger des couleurs ou des zones de couleur enregistrées puis chargées dans l'outil avec le calque sur lequel vous agissez. Cette fonction est un excellent compromis entre le Pinceau classique et le Tampon. L'action de l'outil sera plus pertinente sur de grandes images, avec une amplitude suffisante dans les contrastes pour permettre des transitions mesurées. L'image référencée mjDXcTE sur RGBStock, prise par redfloor, répond à cette contrainte. Ouvrez-la dans Photoshop CS5.

03 LE NOUVEL OUTIL

En tant que déclinaison, le nouvel outil Mixer brush est caché derrière son parent : il faut maintenir le clic sur l'outil Pinceau pour faire apparaître un menu déroulant (ou faire Maj+B). Une fois pris en main, il ouvre une toute nouvelle barre d'options riche en fonctions.

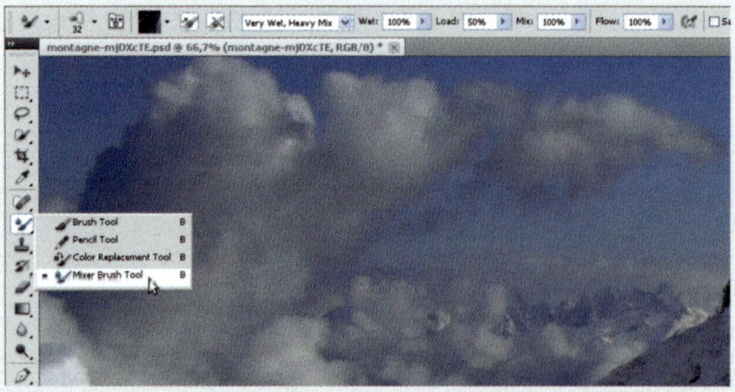

02 DUPLIQUER PAR SÉCURITÉ

Plutôt que de peindre directement sur votre arrière-plan, effectuez-en une copie avant de commencer à tartiner sans pouvoir revenir en arrière au-delà du nombre limité d'étapes d'historique.

04 LES NOUVELLES FORMES

Cliquez sur le troisième bouton de la barre d'options représentant un répertoire contenant des pinceaux : il ouvrira le panneau Formes, également accessible avec le raccourci F5. Les formes par défaut ont été complétées dans cette nouvelle version par des formes délibérément proches des vrais outils correspondants. Saisissez-vous d'une de ces nouvelles formes.

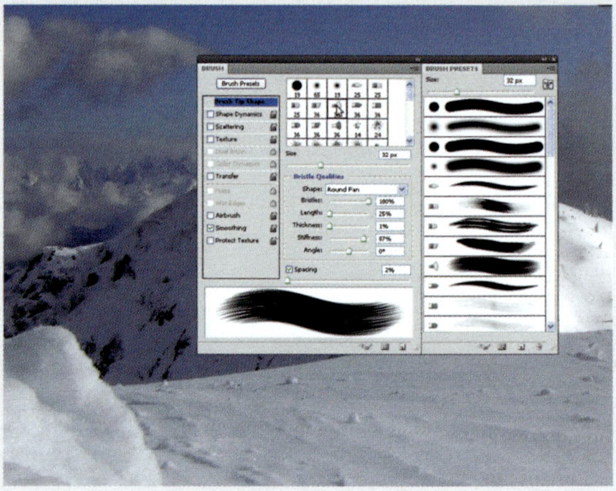

« Cette option gère l'interaction entre votre couleur de remplissage et le calque à remplir. »

05 OPTIONS DE FORME

Après avoir sélectionné votre forme, vous constatez qu'elle se décline en de nombreuses options vous permettant d'en gérer le classique diamètre, l'angle, mais aussi et surtout la longueur, la rigidité, etc.

07 D'ABORD, LE CIEL

Sur votre calque copié, attaquez-vous d'abord au ciel nuageux. C'est le terrain le plus favorable pour débuter vu son manque de contrastes et ses zones de couleur importantes. Zoomez sur une zone du ciel, plutôt un coin.

06 COMPRENDRE LES OPTIONS

Utilisez la forme Flat Point avec un diamètre important (au moins 80 pixels), et laissez les autres options par défaut. Rendez-vous dans les options de l'outil sous la barre des menus et déroulez le préréglage jusqu'à Very Wet, Heavy Mix. Cette option gère l'interaction entre votre couleur de remplissage et le calque à remplir. Plus votre forme est humide, plus l'action sera diffuse, et plus le Mix est important, moins le calque sur lequel vous agissez sera impacté. Vous pouvez aussi choisir de gérer individuellement ces réglages.

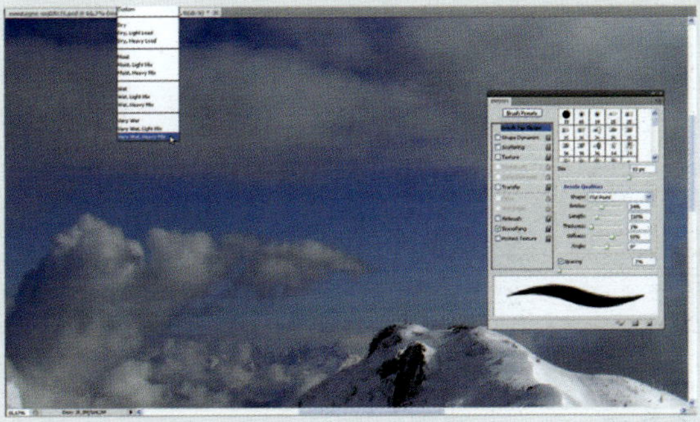

Photoshop CS5

Au moment où nous avons écrit ce tutoriel, la version CS5 de Photoshop était encore en version bêta. Cela explique les captures anglaises et que certains termes n'aient pas été traduits.

08 ÉCHANTILLONNAGE

Avant de commencer à peindre, il vous faut un échantillon à mélanger. Examinez de nouveau la barre d'options : juste après l'icône ouvrant le panneau Formes se trouve un carré rempli d'une couleur pleine ou d'une portion de l'image, c'est votre échantillon. Déroulez la flèche noire juxtaposée : vous pouvez choisir de vider ou charger la forme, et de la limiter aux seules couleurs pleines. Cette option est doublée par les petites icônes juste à côté. Pour créer un nouvel échantillon, effectuez la même manipulation que pour l'outil Tampon : maintenez la touche Alt/Opt enfoncée et cliquez sur une zone de l'image.

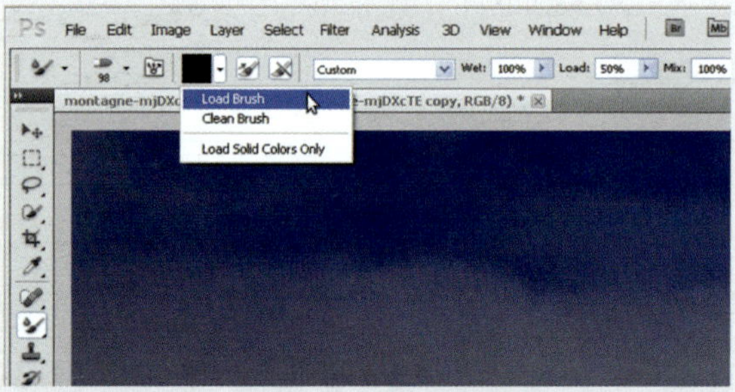

10 TESTER LES OPTIONS

Après ce premier contact, affinez votre routine de travail en manipulant les curseurs des options de la forme, notamment la rigidité (stiffness) dont la valeur minimisée ou maximisée transforme complètement votre tracé et ajoute un effet pictural supplémentaire. Achevez le ciel.

09 PREMIER CONTACT

Armé de votre pinceau et après avoir échantillonné une zone de votre angle de départ, passez le pinceau sur une première portion de l'image : le mélange est lourd et tire les composantes pixels de l'image qui vous sert de support. N'hésitez pas à tester l'outil sur la longueur, mais attention lorsque vous effectuez un aller-retour : vous risquez de barbouiller l'image.

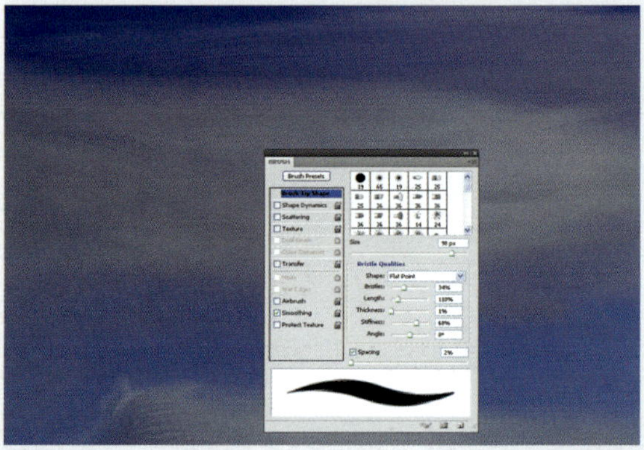

11 COIN DE NEIGE

Comme pour le ciel, débutez votre "re-peinture" du premier plan neigeux par un coin, pour donner l'impulsion au reste de votre retouche. Utilisez cette fois la forme Round fan pour générer des étalements plus détaillés. Pour le diamètre, restez calibré sur une trentaine de pixels de façon à pouvoir contrôler les contrastes de votre image source.

12 MONTAGNE ET DÉTAILS

Gérez les zones les plus larges de la montagne comme précédemment, mais n'hésitez pas à jouer sur le Diamètre pour préserver les zones de contraste. Lorsque vous atteignez une zone de détails, comme les rochers très foncés, cochez l'option charger les couleurs pleines seulement, et changez pour la forme Flat fan. Variez ensuite l'Angle en fonction du relief et peignez une zone de rochers à l'aide de l'option Dry, Light Load : la couleur pleine sera mieux appliquée et délimitera une vraie zone de détails.

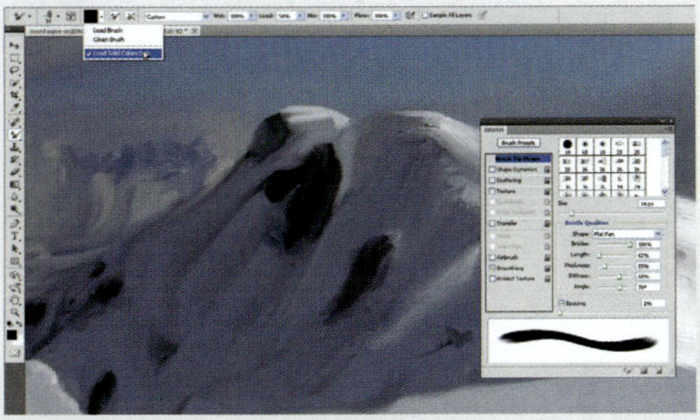

13 INTÉGRER LES DÉTAILS

Les détails des rochers sont trop nets : il faut les intégrer à l'environnement. Avec un petit pinceau et après avoir changé l'option de mélange en une nuance plus humide et avec un mélange fort, repassez les contours des zones de rochers, et n'hésitez pas aussi à donner quelques touches à l'intérieur. Ajustez toujours l'Angle selon le relief.

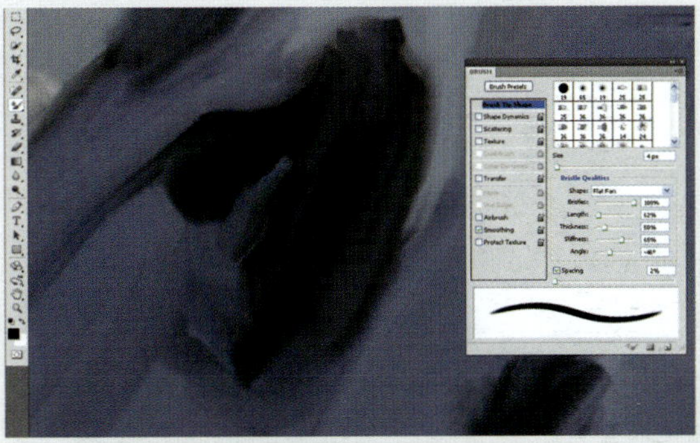

14 LES TRANSITIONS

Certaines zones de transition, selon la couleur (ciel/montagne) ou la profondeur (premier plan, deuxième plan, etc.) mériteront d'êtres retravaillées par touches successives avec un Round fan de petit diamètre en mode Very Wet, Heavy Mix.

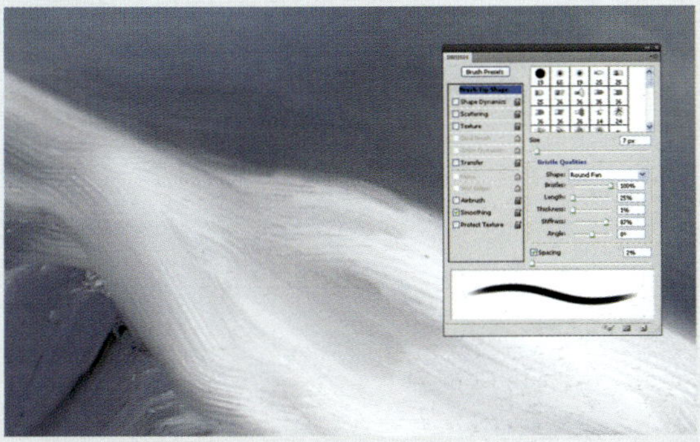

15 CHOISIR SON ORIENTATION

À présent que l'esquisse est achevée, à vous de choisir si vous préférez continuer sur votre lancée en peignant sur votre mélange pictural pour recréer un paysage montagnard de votre acabit, ou si vous préférez conserver le format "esquisse". Pour cet exercice, l'arrière-plan a été transformé en objet dynamique et flouté, le calque peint s'est vu appliquer un mode Produit, puis a été dupliqué et la copie a reçu un mode Lumière crue pour contraster l'esquisse et en rehausser le caractère en rendant encore plus visibles les coups de pinceau.

L'ARTISTE

Moon *est à la fois un graphiste issu de la scène graffiti du début des années 90, un illustrateur qui utilise aussi bien les techniques traditionnelles que l'infographie, et un peintre qui mêle les différents aspects de sa formation pour aboutir à une œuvre personnelle, composée d'un univers qui lui est propre. www.mxtr.org*

Trames

Les fans de mangas connaissent bien les trames et savent comment les utiliser. En création de manga traditionnel, il existe des feuilles de trames de différentes densités que les mangakas découpent avec soin et appliquent dans les formes de leurs dessins. Les mangas étant à la base réalisés en noir et blanc, ces trames permettent de simuler la couleur et les ombres grâce à leur densité qui varie d'une feuille à l'autre.
Vous pouvez facilement trouver ce genre de feuilles et les scanner ou encore en télécharger sur Internet ou les créer avec Photoshop pour vous en servir comme motifs afin de remplir des zones de vos dessins et leur donner un aspect de mangas.
Vous pouvez aussi utiliser ces trames et les appliquer sur des images entières pour que vos dessins ressemblent à images imprimées. Soyez créatif et détournez toujours les éléments de leur but initial.

XYLOGRAPHIE

Simulez le contraste ciselé de la xylographie.

SUR LE CD : Fichier de travail en .psd, chateau.jpg.

NOTRE EXPERT
Thibaut Hofer
Thibaut Hofer est graphiste et pousse ses recherches personnelles et professionnelles dans les domaines du prépresse et de l'open source. Rédacteur technique et traducteur pour la presse spécialisée, il est également auteur pour Dunod et Elephorm.

Sans doute connaissez-vous ces illustrations en clair-obscur saisissant qui ponctuent de nombreux livres édités au début du XXe siècle. Si vous ne les visualisez pas, ouvrez une ancienne édition des livres d'aventures de Jules Vernes, comme Vingt Mille Lieues sous les Mers : les illustrations qui accompagnent le texte sont réalisées en xylographie, une technique consistant à graver sur bois l'image destinée à être tamponnée sur une feuille de papier. Ce qui caractérise ce genre de gravures, ce sont les rainures délicatement ciselées qui créent la densité du contraste.

01 CHOIX DU MODÈLE

Tous les visuels ne méritent pas un traitement xylographique, même simulé. Les illustrations de ce genre témoignaient d'un temps fort ou répondaient à un besoin descriptif : camper la scène, intensifier la lecture dramatique, etc. Ouvrez le visuel chateau.jpg.

Photos

Si vous n'avez pas d'appareil numérique, n'hésitez pas à vous promener sur des sites comme deviantART, rgbstock ou fotolia pour trouver des photos de départ intéressantes pour réaliser ce genre de création.

02 INDISPENSABLE MONOCHROME

Les illustrations auxquelles fait référence cet exercice sont monochromes. Pour retrouver une partie de leur cachet, il est impératif de désaturer une copie de l'arrière-plan, par exemple avec la commande Image> Réglages> Désaturer.

03 DE L'INTÉRÊT D'ÊTRE DYNAMIQUE

Cet exercice s'appuie sur des filtres. Ceux-ci étant destructeurs, il convient au préalable de se prémunir des dommages qu'ils pourraient créer en transformant votre calque monochrome en objet dynamique, par exemple en appelant la commande Filtre> Convertir pour les filtres dynamiques.

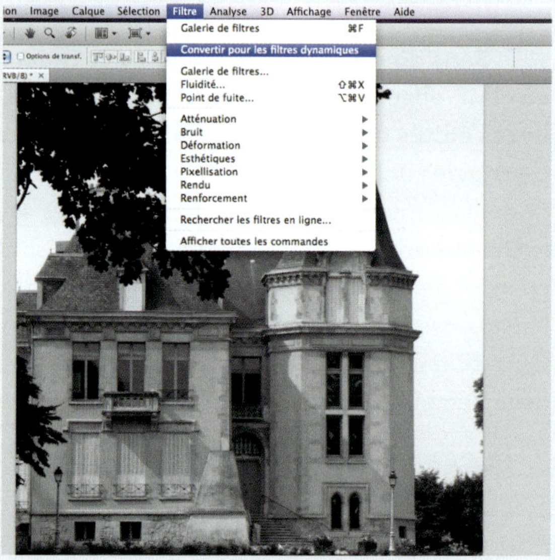

04 LA PRESSION !

Appelez le filtre Craie/fusain à partir du chemin Filtre> Esquisse. Ce filtre permet de gérer la balance entre deux outils traditionnels de base : la craie et le fusain. Définissez d'abord une Pression de 2, pour ne pas trop assombrir la composition.

05 ÇA BALANCE PAS MAL

Pour achever l'application du filtre, vous aurez à gérer une balance convenable entre Craie et Fusain. Engagez le curseur Craie jusqu'à 15 et celui du Fusain jusqu'à 11. L'image s'assombrit, mais ce sera rattrapé dans la suite.

06 PRENDRE LE CONTREPIED

Toujours depuis la fenêtre d'application des filtres, ajoutez un nouveau filtre depuis l'icône adéquate en bas à droite de votre fenêtre. Choisissez ensuite Contours> Contour encré. Le filtre est aux antipodes de ce que l'on souhaite : commencez par réduire la valeur Clair sous les 5 unités.

08 LA LONGUEUR, ÇA COMPTE

Pour finir, augmentez la Longueur à 12. Cette action va affiner les traits de votre composition et vous rapprocher d'autant de la simulation de xylographie recherchée.

07 CONTRASTER

Pour commencer à créer le contraste visible sur une gravure sur bois, poussez à présent le curseur Foncé au-delà de 30.

09 CROISILLONS

Pour compléter les deux filtres précédents, ajoutez-en un troisième que vous piocherez dans Contours> Croisillons. Laissez les valeurs par défaut, qui suffiront à simuler les encoches ciselées avec précision de la gravure sur bois. Cliquez sur le bouton OK pour valider et revenir à la fenêtre de travail de Photoshop.

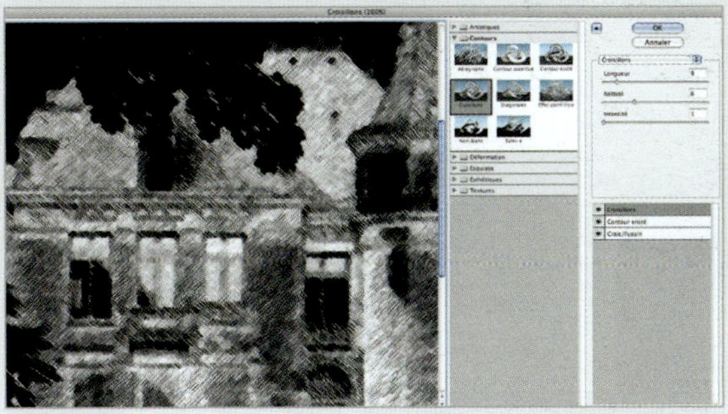

Filtres et calques

Les filtres de la galerie de filtres offrent la possibilité de s'appliquer les uns sur les autres. En effet, dans la galerie, en bas à droite, vous disposez d'un panneau Calques qui leur est propre. Cliquez sur l'icône Nouveau pour ajouter un filtre. En transformant un calque classique en objet dynamique, les filtres seront même rééditables à volonté.

10 RETOUR AUX SOURCES

La netteté fait cruellement défaut à votre composition : bien que les traits de surface soient habiles, les contours sont très imparfaits. Revenez à votre calque original et effectuez-en une copie, que vous désaturez comme précédemment.

11 CONTOURS LUMINEUX

Sans transformer votre calque en objet dynamique (cela se verra justifié), appliquez un Filtre> Esthétiques> Contour lumineux. Privilégiez une faible Épaisseur, un Lissage moyen et calibrez la Luminosité pour que les contours soient bien distincts.

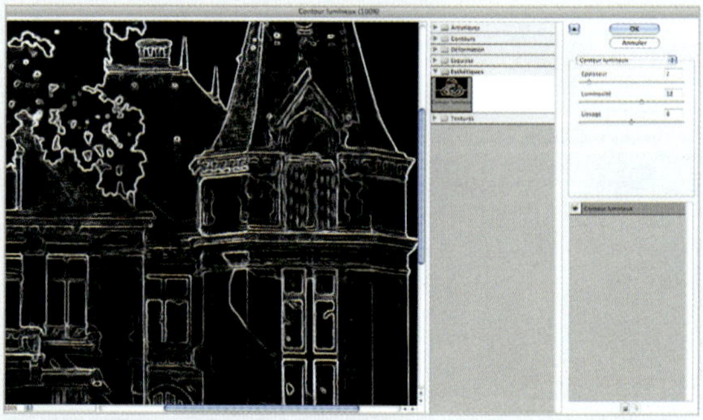

12 RESTER POSITIF DANS LE NÉGATIF

Pour que les contours lumineux se transforment en contours esquissés, appelez la commande Image> Réglages> Négatif. La commande peut s'appliquer ici parce que le calque n'avait pas été transformé en objet dynamique à l'étape précédente.

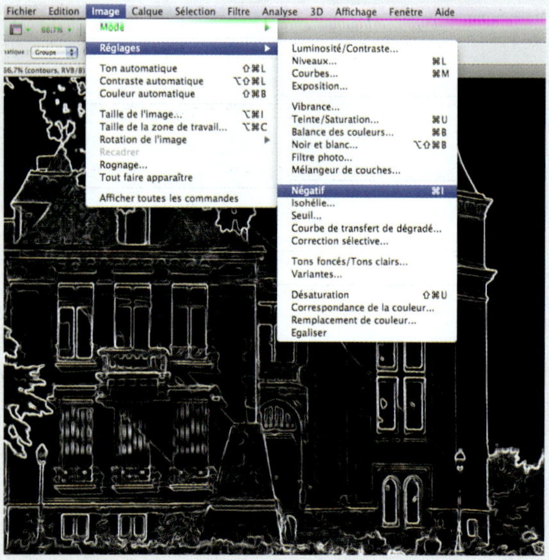

13 LE BON MODE

Pour que les contours s'intègrent correctement à votre composition, changez le mode de fusion du calque en Lumière tamisée. Ce mode respectera vos filtres précédents tout en renforçant la présence des contours de la bâtisse.

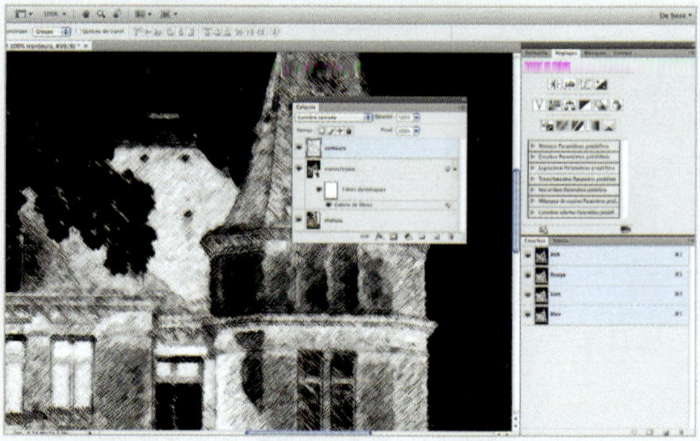

« Pour que les contours lumineux se transforment en contours esquissés, appelez la commande Négatif. »

« Pour que les contours s'intègrent à votre composition, changez le mode de fusion du calque en Lumière tamisée. »

14 PEAUFINER

Votre gravure sur bois est déjà composée, mais vous pouvez l'affiner. Effectuez une copie de votre objet dynamique monochrome et des filtres qui lui ont été appliqués, puis pixélisez-le via la fonction Calque> Pixellisation> Objet dynamique.

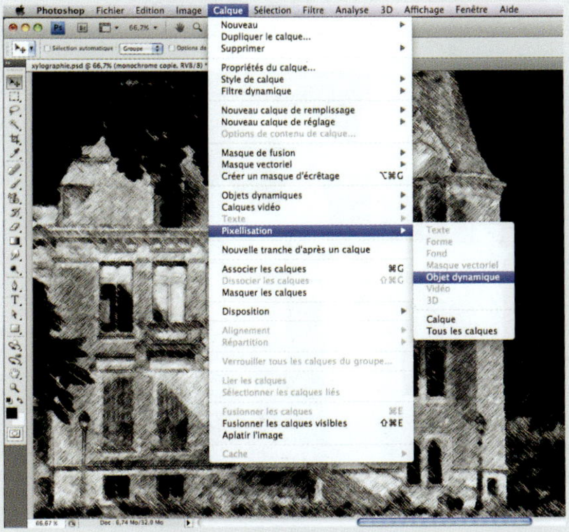

15 EN SOUPLESSE

Ce nouveau calque vous permettra d'agir en souplesse pour compléter vos actions précédentes. Vous pouvez jouer avec les modes de fusion, le transformer en négatif, comme dans la capture, ci-contre, pour obtenir une gravure positive moins dramatique, etc.

Autres filtres

Photoshop propose de nombreux filtres pour imiter des styles de dessin comme Aquarelle, Barbouillage, Couteau à palette, Crayon de couleur, Éponge, Étalement, Pastels, Pinceau à sec, etc. Tous ne sont pas parfaits, mais ils peuvent servir de base pour réaliser une peinture à partir d'une photo.

L'ARTISTE
Christelle & David, Studio SILVERGRAPHX, Concept Artists Designers - Édition, Presse, Video Game, Web.

Christelle et David sont diplômés et passionnés d'arts graphiques. Sensibles au monde de l'art numérique, ils collaborent dans la conception et le développement de visuels ayant pour thème des univers fantastiques. Tous deux ont développé un style graphique qui leur est propre et les distinguent des autres concept artists.
http://www.silvergraphx.org/

Densité + et Densité -

Les outils de Densité de Photoshop permettent de jouer sur les tons des couleurs. L'outil Densité - va éclaircir les tons et l'outil Densité +, à l'inverse, va les foncer. L'intérêt de tels outils en peinture numérique se comprend vite : vous allez pouvoir vous en servir pour appliquer vos ombres et lumières sans devoir changer la couleur de votre pinceau.
Dans la barre d'options de Photoshop, vous pouvez définir l'Exposition de ces outils pour que l'effet soit plus ou moins marqué. Un menu déroulant permet également de définir si vous allez agir sur les tons foncés, moyens ou clairs.

CHARACTER DESIGN FANTASY

Créez des personnages imaginaires aux couleurs percutantes !

Très en vogue depuis l'explosion de l'industrie du jeu vidéo et du dessin animé, le character design fait rêver de nombreux jeunes graphistes. La concurrence est donc assez rude. C'est pourquoi il faut savoir se démarquer en créant des personnages aux poses dynamiques et aux couleurs généreuses.

L'art numérique est devenu la technique favorite du character designer... Mais pour avoir un impact plus grand et ajouter une touche de fantaisie à vos personnages, pourquoi ne pas essayer de réutiliser les techniques propres aux médias traditionnels ?

Ce tutoriel vous proposera d'aborder la colorisation avec Photoshop sous un nouvel angle : ici, pas de formes ou de manipulations compliquées. Tout part de simples aplats et d'une utilisation optimale des calques et de leurs modes de fusion. On privilégiera la rapidité et l'efficacité.

SUR LE CD : Vous trouverez sur le CD le crayonné du personnage ainsi qu'une version finale de l'image, pour un usage personnel.

NOTRE EXPERT
Charlène Le Scanff, *aka Catell-Ruz, est une étudiante de 22 ans en dernière année à l'École Émile Cohl de Lyon où elle prépare un diplôme de dessinateur concepteur. Elle travaille essentiellement sur du character design et du concept art, avec une prédilection pour les univers steampunk et fantasy. http://utopies-charlene.blogspot.com/*

01 DESSINER UN PERSONNAGE DYNAMIQUE

Un character design dynamique est un dessin avec des lignes de force puissantes, des courbes nombreuses et une bonne perspective… Placer la tête légèrement de trois quarts, mettre un pied en retrait, initier un petit déhanché sont autant de moyens de rendre un personnage vivant. Faites quelques petits croquis dans un coin de feuille pour ne retenir que celui qui vous semblera le plus convaincant. Travailler au crayon de couleur puis au trait noir apporte de la propreté.

02 RENFORCER LE CERNÉ

Ouvrez le crayonné du personnage : votre première mission sera de nettoyer ce rough pour en faire un cerné bien propre. Passez tout d'abord l'image en noir et blanc (Image> Mode> Niveaux de gris) : le croquis au crayon rouge se transforme en un gris moyen qu'il sera facile d'effacer avec les réglages. Ouvrez la boîte de dialogue des Niveaux (Ctrl/Cmd+L) et renforcez les noirs et les blancs jusqu'à obtenir un cerné parfaitement noir et le plus détaillé possible.

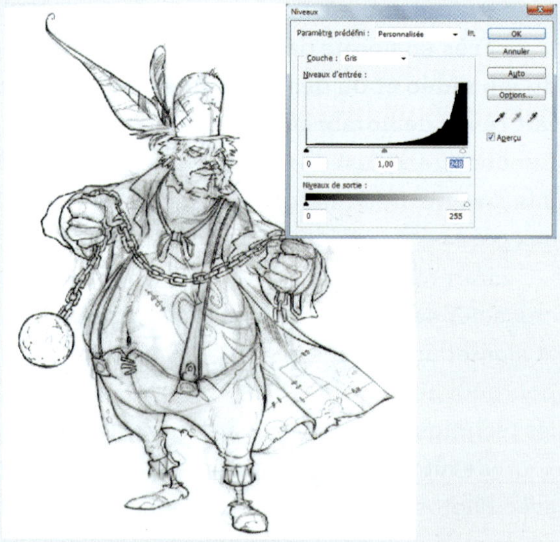

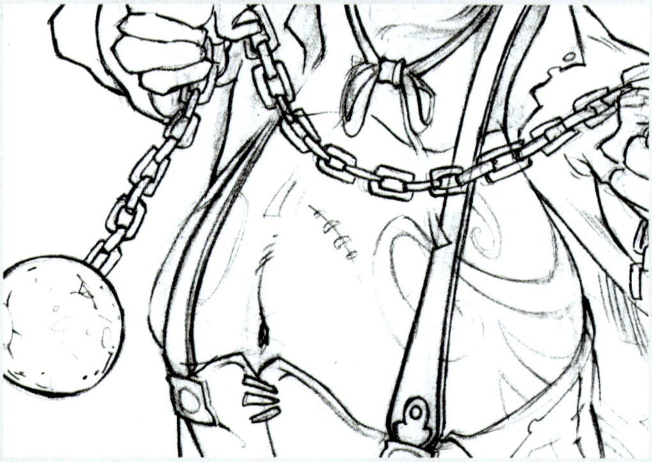

03 NETTOYER LE SCAN

Avec la Gomme, supprimez les petites taches éventuelles, ratures et autres traits disgracieux ; l'intérieur du personnage doit être bien blanc. Quand tout est propre, vous pouvez repasser l'image en RVB (Image> Mode> RVB).

« Un character design dynamique est un dessin avec des lignes de force puissantes, et une bonne perspective… »

04 ISOLER LE CERNÉ

Allez dans les couches et sélectionnez leur contenu (Ctrl/Cmd+Maj+clic gauche sur la vignette) ; tout le blanc de l'image est sélectionné. Inversez la sélection (Ctrl/Cmd+Maj+I), tout ce qui n'est pas blanc est maintenant gardé en mémoire, puis revenez dans les calques. Créez-en un nouveau au-dessus du premier et remplissez la sélection avec du noir (Alt+Suppr si le noir est votre couleur de premier plan). Supprimez le premier calque où le cerné n'était pas isolé.

05 METTRE EN PLACE DES CALQUES

Maintenant qu'il ne reste plus que le calque du cerné, vous allez en créer deux nouveaux en dessous. Juste sous celui du crayonné, vous poserez un calque destiné à la mise en place des couleurs, et en dernière position vous en créerez un que vous remplirez de blanc. Il est important d'être bien organisé : nommez tous vos calques ("cerné", "colo base" et "fond").

06 POSER LES COULEURS

Le moment le plus intéressant est arrivé ! Il est temps d'expérimenter les couleurs pour trouver celles qui vibreront le mieux ensemble. La peinture classique et l'art cinétique ont beaucoup utilisé le principe des complémentaires (rouge/vert, jaune/violet...). Testez cette technique dans un coin de l'illustration sur le calque "colo base" et juxtaposez les couleurs en une sorte de petite palette pour voir celles qui s'harmonisent le mieux.

07 PROTÉGER VOS CALQUES

Photoshop est très utile pour les gens distraits, il offre de nombreuses solutions de sécurité pour protéger vos calques d'un coup de pinceau malheureux, surtout quand vous vous apprêtez à jongler avec eux. Il existe une option tout indiquée pour protéger notre calque “cerné” : le verrou Pixels transparents qui évite de peindre les zones vides.

08 LE PERSONNAGE PREND VIE !

Une fois les différentes teintes trouvées (ici le bleu/vert se mariera à merveille avec les rouges et les orangés), sur le calque “cerné” sélectionnez à la Baguette magique de grandes zones (par exemple le pantalon) pour les remplir avec le Pot de peinture sur le calque “colo”. Pour éviter les petits points blancs dans les coins ou le crayonné, élargissez la zone de sélection jusque dans le cerné en faisant Sélection> Modifier> Dilater> 2 pixels. Peignez les petites zones et celles qui restent blanches malgré tout (exemple : les tatouages) avec une forme de pinceau dure.

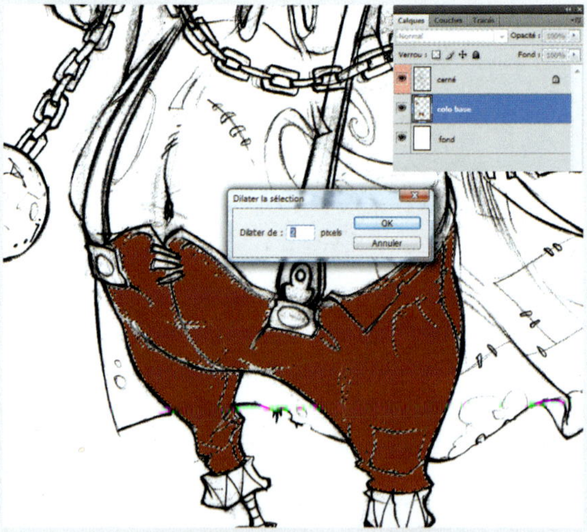

09 DE L'APLAT AU DÉGRADÉ

Les aplats de couleur sont maintenant en place : il s'agit d'y ajouter un peu de subtilité… Et si vous regardiez ce qui se passe quand vous faites varier la couleur de peau bleue du personnage vers du beige sur le haut du corps avec une forme Aérographe réglé à une Opacité de 50% ? Procédez de même avec le manteau : gardez à l'esprit qu'une lumière naturelle en pleine journée vient du haut : éclaircissez donc les zones les plus en hauteur (épaules, etc.)

10 UN CERNÉ “ANIMATION”

Il est temps de s’occuper du cerné : son isolement va démontrer tout son intérêt. Puisque vous l’avez protégé en lui appliquant un verrou bloquant les pixels transparents, vous pouvez le coloriser selon les règles de l’animation : une teinte légèrement plus foncée pour chaque contour (bleu foncé pour le ventre, bleu clair, marron pour le pantalon orange, etc.).

« Dessinez-y les ombres avec un gris moyen et une forme dure. »

11 DES OMBRES EN DEUX-TROIS MOUVEMENTS

Voici un petit tuyau pour créer des ombres rapidement : juste au-dessus du calque de couleur, créez-en un nouveau que vous placerez en masque d’écrêtage (Ctrl/Cmd+Alt+G) puis en mode de fusion Produit. Dessinez-y les ombres avec un gris moyen et une forme dure en suivant le volume du personnage et en n’oubliant pas de déterminer d’où vient la lumière. Cette technique se rapproche du cel-shading.

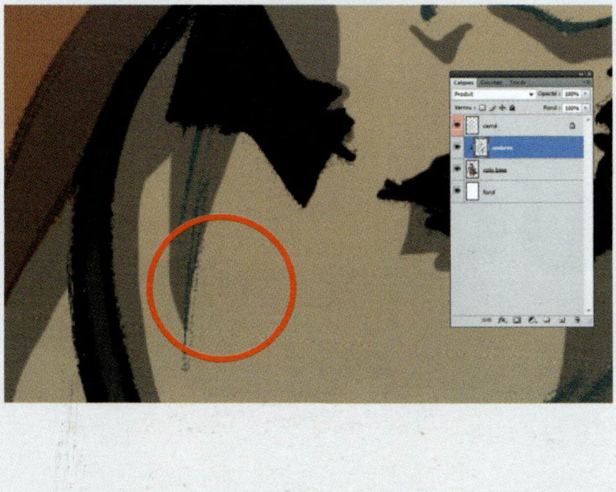

12 RENFORCER LES OMBRES

De belles ombres sont des ombres aux arêtes pointues : gommez tous les arrondis pour en faire des pointes acérées puis renforcez les ombres avec la forme “Flux opacité plume aérographe” (ou Opacité stylo aérographe selon votre version de Photoshop) avec des dégradés de gris forts dans les arêtes. Vous aurez bien sûr préalablement placé un verrou pour les pixels transparents pour ne pas déborder.

« Le mélange des deux modes crée une texture légère qui ajoute de la cohérence au personnage... »

13 LA LUMIÈRE EN VOLUME

Fusionnez le calque de cerné et ceux de couleur. Il s'agit de donner du volume à notre héros. Selon le principe de la diffraction, les bords des ombres et des lumières sont plus saturés que les autres zones dans la réalité. Jouez avec cette règle pour éclaircir les zones de lumière qui jouxtent les ombres avec de légers dégradés. Choisissez une teinte plus claire dans le nuancier ou utilisez l'outil Densité - (O). Éclaircissez toutes les zones saillantes (pommettes, genoux...).

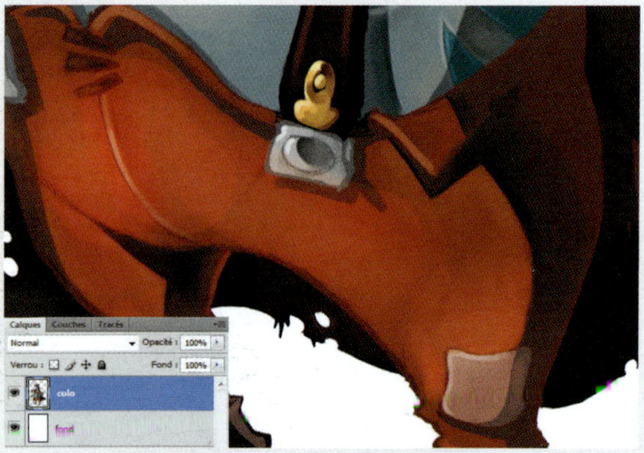

14 DES OMBRES COLORÉES

Toujours avec la brosse "Flux opacité plume aérographe", colorez l'intérieur de vos ombres en mettant du gris ou des couleurs complémentaires... Un peu d'ocre ou de rouge dans des ombres bleues, etc. Soyez subtil, il s'agit de dégradés légers. On doit plus "sentir" la couleur que la voir réellement.

15 DES TEXTURES POUR ENRICHIR LE TOUT

Rendez-vous sur Textures King dans la section "fabric" (tissus) puis prenez l'image http://www.textureking.com/content/img/stock/big/DSC_6095.JPG... Mettez-la en masque d'écrêtage sur le calque "colo", puis effacez-en quelques parties avec un masque de fusion pour ne la laisser ressortir que dans les zones saturées du pantalon... Mettez ce calque en mode Lumière tamisée, dupliquez-le et passez ce doublon en mode Produit. Le mélange des deux crée une texture légère qui ajoute de la cohérence au personnage...

16 UNE OMBRE SOUS LE PERSONNAGE

Dupliquez le calque du personnage, mettez-le en dessous du calque “colo”, peignez-le en noir et mettez-le perspective avec la fonction Torsion (Édition> Transformation> Torsion). Ajoutez-y des nuances de gris clair tout en dégradé de manière à effacer l'ombre vers son extrémité.

« L'ajout de quelques taches et hachures achèveront de donner de la profondeur au personnage... »

17 DERNIERS DÉTAILS

L'ajout de quelques taches et hachures achèveront de donner de la profondeur au personnage... Le character design est terminé !

L'effet gouache

La forme de base “Flux opacité plume aérographe” (ou Opacité style aérographe selon votre version) est toute simple mais possède un joli effet gouaché quand on sait l'utiliser. Pour ce faire, dans un dégradé entre deux teintes différentes, on ne cesse de reprendre avec la Pipette les couleurs issues du dégradé pour les fondre entre elles au fur et à mesure et ainsi obtenir un mélange homogène mais moins mou que celui qu'on obtiendrait avec un Aérographe. Certains peintres numériques l'utilisent en y ajoutant l'option Bord mouillé. L'informatique vieillit d'autant mieux quand elle se calque sur les médias traditionnels.

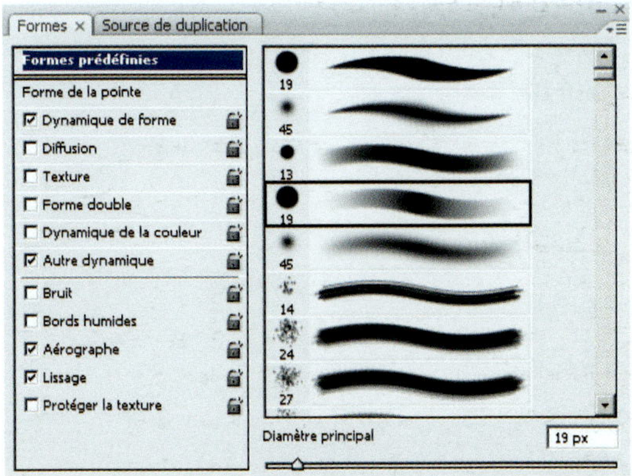

L'ARTISTE
Charlène Le Scanff, *aka Catell-Ruz, est une étudiante de 22 ans en dernière année à l'École Émile Cohl de Lyon où elle prépare un diplôme de dessinateur concepteur. Elle travaille essentiellement sur du character design et du concept art, avec une prédilection pour les univers steampunk et fantasy. http://utopies-charlene.blogspot.com/*

Texture de papier

Nous parlions plus tôt de l'importance des textures. Parmi elles se trouve un type particulier : le papier. Si, en traditionnel, on part toujours d'un support qui a une texture plus ou moins marquée, dans Photoshop, par défaut, la page est lisse, colorée ou transparente, en général blanche...

Mais vous pouvez facilement y remédier en vous procurant toutes sortes de feuilles de papier que vous appréciez et en les scannant, vous vous créerez ainsi une bibliothèque de papiers qui pourra vous servir pour débuter vos créations.

Vous pouvez également vous en servir après coup, une fois la peinture réalisée, pour lui donner un aspect plus traditionnel. Utilisez alors le mode de fusion Produit par exemple pour ne garder que les tons foncés de la texture.

COLORISATION CARTOON

Nettoyez une illustration, isolez-en le trait et colorisez-la dans Photoshop.

Réaliser un croquis de type cartoon est une chose, lui donner une âme grâce à la couleur en est une autre. Sophie Aguado, passionnée d'illustration, va vous expliquer sa méthode pour nettoyer vos croquis et les coloriser. Voici une méthode rapide, simple, accessible à tous dans Photoshop !

SUR LE CD : Vous trouverez sur le CD l'illustration terminée au format PSD, avec tous les calques Photoshop, pour un usage personnel exclusivement.

NOTRE EXPERT
Sophie Aguado
Sophie est une jeune graphiste, illustratrice et retoucheuse photo de 25 ans basée sur Paris. Passionnée par toutes les techniques d'illustration, elle est capable de passer des heures à créer des images sur n'importe quel support, numérique, traditionnel, textile, etc.
http://vicking.deviantart.com

01 AVANT D'ALLUMER VOTRE ORDINATEUR

Avant d'allumer votre ordinateur et si vous souhaitez commencer avec votre propre dessin comme base... il faut le dessiner ! J'aime travailler mon croquis avec un crayon de couleur rouge parce que cela facilite le nettoyage de mon image par la suite, après je fais un encrage avec un feutre pinceau.

02 SCANNER ET FAIRE DISPARAÎTRE LE CROQUIS

Scannez ensuite votre dessin à 300 dpi et en couleurs. Rendez-vous dans les couches (Fenêtres> Couches) et cliquez sur la couche Rouge (ou faites Ctrl/Cmd+1). Le crayonné rouge disparaît pour ne laisser place qu'à votre encrage. Jetez la couche verte puis la couche jaune.

03 CONTRASTER LE CROQUIS

Allez dans Image> Mode> Niveaux de gris. Après cela, vous pouvez commencer à dégrossir avec les niveaux (Image> Réglages> Niveaux ou Ctrl/Cmd+L), jouez avec les curseurs pour obtenir un contraste satisfaisant (ici noir=72, gris=1,08 et blanc=250). Validez et repassez en mode CMJN dans Image> Mode> CMJN.

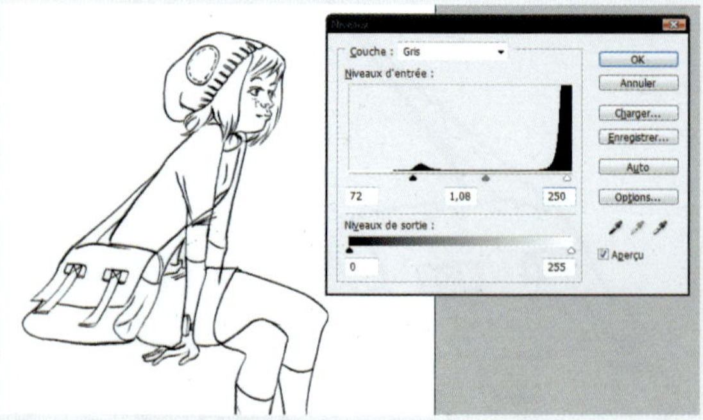

04 LE “DÉPÉTOUILLAGE”

Le “dépétouillage” sert à enlever les petits défauts de votre scan (poussières, points noirs, etc.) ! Vous pouvez dégrossir le travail grâce à l’outil Sélection> Plage de couleurs : sélectionnez le blanc et augmentez la Tolérance. Photoshop va sélectionner la majorité des indésirables, vous n’aurez plus qu’à gommer. Désélectionnez et finissez en zoomant pour nettoyer ce qui reste à l’aide de la Gomme (E).

05 CORRIGER LE DESSIN

Il est parfois nécessaire de corriger quelques zones du dessin ; pour cela, j’apprécie l’outil Fluidité, rangé dans Filtres (Ctrl/Cmd+Maj+X). Il permet de déformer les dessins comme dans un morphing. À utiliser avec parcimonie !

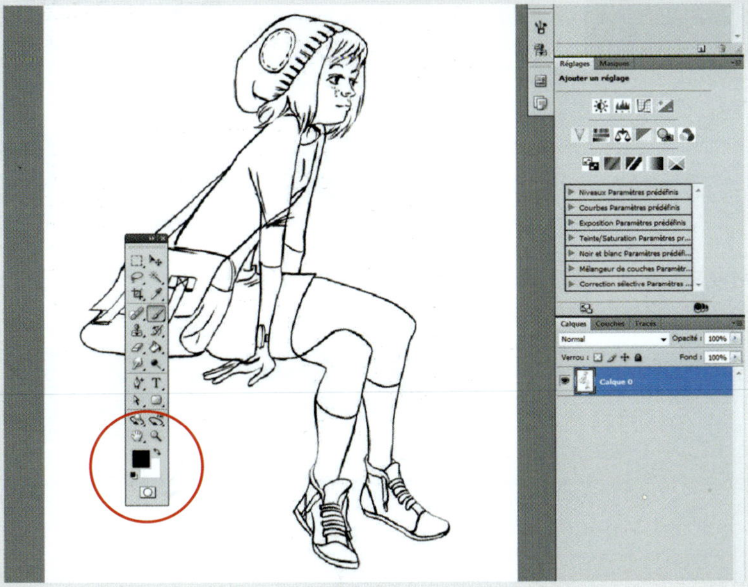

06 CRÉER LE CALQUE POUR LE TRACÉ

Il faut isoler le tracé et uniquement le tracé, c’est-à dire sans le fond blanc sur un calque. Pour cela, sélectionnez le dessin et coupez-le (Ctrl/Cmd+A puis Ctrl/Cmd+X), créez un nouveau calque et appelez-le “tracé”. Pressez la touche D de votre clavier pour réinitialiser les couleurs (noir au premier plan, blanc à l’arrière-plan).

07 ISOLER LE TRACÉ SUR UN CALQUE

Remplissez le nouveau calque de noir avec le Pot de peinture, pressez la touche Q pour passer en mode masque. Collez votre dessin (Ctrl/Cmd+V) : il apparaît en rouge sur fond noir. Pressez de nouveau la touche Q et appuyez sur la touche Suppr. Votre trait est isolé sur le nouveau calque ! Cela vous servira à la fin du tutoriel.

08 COLORISER

Créez un calque sous votre calque "tracé" et appelez-le "couleur". Amusez-vous à coloriser en aplat, le plus simplement du monde, et en veillant à ne pas oublier de petites zones. Mon astuce, c'est de changer régulièrement la couleur du calque "arrière-plan", toujours avec des couleurs flashy qui aident à repérer immédiatement les oublis.

Trames

Pour créer des trames, rien de plus simple : il faut sélectionner le calque voulu, aller dans le menus Filtre> Pixellisation> Demi-teintes couleur. Entrez dans le premier champ une valeur plus ou moins grande en fonction du diamètre recherché pour les points de la trame. Entrez ensuite une même valeur dans tous les autres champs. Validez, votre trame apparaît ! Vous pouvez moduler les rendus grâce à des aplats ou des dégradés. Entraînez-vous, testez pour vous approprier cette technique.

09 CRÉER LES OMBRES

Créez un nouveau calque entre votre calque "tracé" et votre calque "couleur", nommez-le "ombres". Passez-le en mode Produit et réduisez son Opacité. J'aime dessiner mes ombres à la Plume pour un rendu plus précis, mais vous pouvez aussi les dessiner au Pinceau, c'est plus rapide. Vous pouvez partir sur un bleu, le rendu fait moins "sali" qu'avec du gris. Vous pouvez appliquer un Flou gaussien à votre calque "ombres" pour un rendu plus doux mais, dans ce cas, veillez à gommer tout ce qui aura débordé de votre tracé.

10 COLORISER LE TRACÉ

Créez un calque au-dessus de votre calque "tracé", faites un clic droit dessus et sélectionnez Créer un masque d'écrêtage. Choisissez des couleurs plus foncées ou plus flashy que celles adjacentes à votre tracé et repassez par-dessus votre tracé sur ce nouveau calque. Votre tracé, parce qu'il a été isolé auparavant, se colore !

« Ajoutez des détails si vous le souhaitez : changez le fond ou les couleurs à votre goût. »

11 FINALISER ET ENREGISTRER

Ajoutez quelques détails si vous le souhaitez : changez le fond ou les couleurs selon votre goût. Je vous recommande vivement de toujours garder une version PSD avec tous vos calques ainsi qu'une version en JPEG haute qualité.

L'ARTISTE

Sophie Aguado *est une jeune graphiste, illustratrice et retoucheuse photo de 25 ans basée sur Paris. Passionnée par toutes les techniques d'illustration, elle est capable de passer des heures à créer des images sur n'importe quel support, numérique, traditionnel, textile, etc.*
http://vicking.deviantart.com

Les modes de fusion

Les modes de fusion sont des formules mathématiques présentées sous la forme de termes plus ou moins explicites qui permettent de mélanger les pixels d'un calque avec ceux des calques sous-jacents. Les plus utilisés sont les modes Produit, Incrustation, Superposition, Couleur, Lumière tamisée et Lumière crue.

Chaque mode permet de créer des effets plus ou moins prononcés dans vos créations et vous devez toujours faire des tests pour voir ce que cela pourrait donner. Ces modes sont également disponibles avec les outils de dessin. Astuce sur Windows : cliquez deux fois sur le menu déroulant des modes de fusion, puis utilisez les flèches haut et bas pour changer de mode.

SUR LE CD : Vous trouverez sur le CD des formes vectorielles de grilles de perspective. Remerciements The K-bot.

NOTRE EXPERT
Louis Le Kim

Louis est un jeune artiste passionné, attiré aussi bien par le traditionnel que par le numérique avec des logiciels comme Photoshop, mais aussi Painter et ArtRage. http://llkonart.blogspot.com/

LUMIÈRE ARTIFICIELLE 2

Jouez avec le Pinceau et la lumière pour créer une pièce.

Ce tutoriel est assez proche du précédent, page 40. Encore une fois, nous allons travailler l'architecture et la lumière. Vous découvrirez ici de nouvelles astuces pour ce genre de peinture.

Il vous faudra un minimum de notions et d'entraînement en dessin pour réaliser ce tutoriel. C'est parce que la création de l'image ne relève pas d'autre chose que du dessin qu'elle a été faite de manière fluide. J'ai donc essayé de séparer les moments primordiaux de la construction de l'image. Ce document n'est en rien exhaustif et tout le monde peut adopter une façon différente de travailler...

Ce tutoriel ne porte que sur ma façon d'utiliser Photoshop comme logiciel de peinture, le côté pratique, la façon dont je profite de certains avantages du numérique (comme la couvrance infinie, le retournement d'image, etc.) et la manière dont je gère l'outil Pinceau.

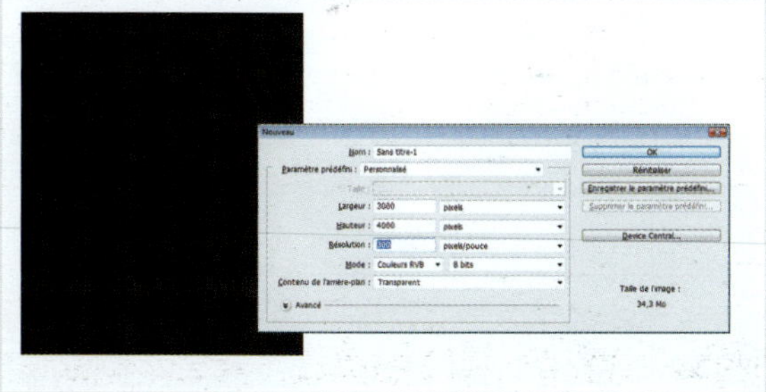

01 POUR COMMENCER

Créez un nouveau document (Fichier> Nouveau) d'environ 3000 pixels de large et 4000 de haut à 300 dpi. Créez un fond uni d'une couleur sombre, pas trop saturée, sans aller jusqu'au noir. Ensuite sélectionnez une forme ronde avec l'option de Variation d'opacité en fonction de la pression exercée sur le stylet.

02 PENSER AUX COULEURS

Il vous faut maintenant penser aux couleurs que vous utiliserez. En toute logique, elles devront s'accorder ou même partir de celle que vous avez choisie pour le fond. Pensez à rester dans une gamme assez monochrome pour vous permettre de bien travailler les valeurs.

03 COMPOSITION

Maintenant que vous avez votre cadre et votre palette, vous n'avez plus qu'à chercher une composition viable. Pour cela, pensez à la circulation de valeurs, couleurs, formes et, si vous le souhaitez, accentuez une zone, elle-même destinée à attirer principalement le regard ; c'est peut-être là que se trouvera un éventuel sujet.

04 PERSPECTIVE

Créez une perspective en fonction de votre composition. La perspective est une notion de dessin que nous n'abordons pas ici. Certains artistes fabriquent des formes vectorielles représentant des grilles de perspective comme K-bot que vous trouverez sur le CD.

05 MISE EN FORME

Maintenant, vous pouvez commencer à vraiment mettre en forme votre espace. Peignez les murs en ne vous souciant que de la lumière et de la perspective ; ne pensez pas au rendu. Vous avez la possibilité de repasser indéfiniment sur votre dessin, alors allez-y. Faites un gribouillis immonde, il vous fera une très bonne base, vous n'aurez plus qu'à repasser. Cette manière de procéder permet de chercher indéfiniment et sur le même support !

06 VÉRIFICATION

Prenez un peu de recul et retournez votre image (Image> Rotation de l'image > Symétrie horizontale de la zone de travail). Ainsi, vous aurez un tout nouveau point de vue. Vous redécouvrirez votre dessin sous un autre angle car votre œil prendra un autre chemin pour la voir. Vous pourrez donc repérer vos plus grosses erreurs de construction et bien vérifier votre composition. Si vous sentez le besoin de corriger quelque chose, gardez votre image dans ce sens pour le faire. Puis remettez-la dans le bon sens avant d'enchaîner.

07 PLACER LES ÉLÉMENTS

Placez les éléments supplémentaires dans l'espace pour composer votre image. Faites-le vite. Il ne s'agit que de les placer pour ne pas avoir à peindre en détail le mur dans ces zones-là étant donné qu'il ne sera pas apparent.

08 PEAUFINER VOTRE PALETTE

Vous allez maintenant repeindre les murs par-dessus votre image actuelle. Utilisez fréquemment l'outil Pipette pour échantillonner vos teintes. Partez des valeurs les plus sombres pour aller vers les plus claires. En éclaircissant, vous éviterez l'aspect transparent qu'on obtient facilement dans Photoshop et vos surfaces auront ainsi plus de matière. Changez aussi la taille de votre forme de pinceau en fonction des zones que vous travaillez (par exemple des formes fines pour les extrêmes des murs, des formes larges pour traiter la lumière…) afin d'obtenir de la précision tout en étant rapide.

09 PEIGNEZ LES ÉLÉMENTS

Maintenant que les surfaces sont définies, vous pouvez vous concentrer sur les détails. Traitez les câbles, tubes ou autres de manière simple, avec le même procédé que le mur, faites juste en sorte qu'ils soient à peu près correctement placés.

10 TEXTURE

Maintenant, introduisez de la texture. Ajoutez au pinceau des variantes de couleurs et de valeurs discrètes et irrégulières sur les surfaces des murs. Profitez-en pour encore affiner le tout.

11 TEXTURE (SUITE)

Prenez une forme assez fine et, en utilisant la Pipette, prélevez les couleurs les plus sombres, puis faites des marques, des points et des traits assez légers. Procédez de même avec la couleur la plus claire. Agrandissez un peu votre forme et faites des marques sombres en parallèle des surfaces de façon irrégulière. Ensuite, avec votre Pipette et une petite forme, prélevez et peignez par-dessus ces marques en suivant l'orientation par petites touches. Vous éclaircissez ces traces sombres avec les couleurs environnantes en utilisant au maximum la pipette sans les recouvrir totalement. Rehaussez des zones en utilisant des couleurs un peu plus saturées. Essayez aussi de respecter parfois une certaine logique ; certains éléments peuvent favoriser l'accumulation de saletés à certains endroits...

« Vous pouvez maintenant corriger ce qui vous choque le plus, perspective ou autre. »

12 LONGUE PAUSE

Maintenant que votre image est quasiment terminée, quittez Photoshop et oubliez-la. Personnellement, une bonne nuit de sommeil avant de continuer une image m'aide beaucoup. Cela fait prendre du recul et apporte parfois de nouvelles idées qui peuvent même mener à un changement fondamental. Au réveil, je sais que j'ai du mal à apprécier mon travail mais, dans l'état où je suis, je peux instantanément m'y replonger complètement et même parfois plus profondément.

13 CORRECTIONS

Donc, au réveil, retournez de nouveau votre image horizontalement, les erreurs devraient vous sauter aux yeux. Vous pouvez maintenant corriger ce qui vous choque le plus, qu'il s'agisse de perspective ou de quoi que ce soit d'autre.

14 DERNIERS AJOUTS

Une fois les erreurs éventuelles rectifiées et si vous le souhaitez, vous pouvez terminer votre image en ajoutant un cadre à votre scène.

Réaliste surréaliste

Ce tutoriel vous propose de réaliser une pièce très réaliste, mais avec un point de vue et une perspective qui la rendent complètement surréaliste. Pour réussir ce genre d'exercice, vous allez devoir imaginer la pièce à réaliser en 3D dans votre esprit. L'artiste de cet exercice est habitué à ce genre d'architecture ; il vous faudra donc un peu de pratique pour y parvenir.

INDEX

RACCOURCIS CLAVIER LES PLUS

Les outils

Déplacement	V
Rectangle de sélection	M
Ellipse de selection	M
Rectangle de sélection 1 rangée	M
Rectangle de sélection 1 colonne	M
Lasso	L
Lasso polygonal	L
Lasso magnétique	L
Baguette magique	W
Sélection rapide	W
Recadrage	C
Tranches	C
Sélection de tranche	C
Pipette	I
Échantillonnage de couleur	I
Règle	I
Annotation	I
Comptage	I
Correcteur tons directs	J
Correcteur	J
Pièce	J
Œil rouge	J
Pinceau	B

Crayon	B
Remplacement couleur	B
Tampon duplication	S
Tampon de motif	S
Forme d'historique	Y
Forme d'historique artistique	Y
Gomme	E
Gomme d'arrière-plan	E
Gomme magique	E
Pot de peinture	G
Dégradé	G
Goutte d'eau	
Netteté	
Doigt	
Densité +	O
Éponge	O
Densité -	O
Plume Libre	P
Ajout point d'ancrage	P
Suppression point d'ancrage	P
Convertion de point	P
Plume	P
Texte	T
Masque texte vertical	T

Masque texte horizontal	T
Texte vertical	T
Sélection de tracé	A
Sélection directe	A
Rectancle	U
Rectangle arrondi	U
Ellipse	U
Polygone	U
Trait	U
Forme personnalisée	U
Orbite 3D	N
Vue d'enroulement 3D	N
Vue Panoramique 3D	N
Vue de déplacement 3D	N
Zoom 3D	N
Rotation 3D	K
Enroulement 3D	K
Panoramique 3D	K
Coulissement 3D	K
Mise à l'échelle 3D	K
Main	H
Rotation de l'affichage	R
Zoom	Z
Mode masque	Q
Mode standard	Q

Pour passer d'un outil à l'autre dans la même catégorie, utilisez la touche Maj + le raccourci de l'outil.

COURANTS DE PHOTOSHOP CS4

Raccourcis des fonctions

Nouveau	Ctrl/Cmd+N
Ouvrir	Ctrl/Cmd+O (ou double clic sur le fond gris)
Enregistrer	Ctrl/Cmd+S
Enregistrer sous	Ctrl/Cmd+Maj+S
Enregistrer pour le web	Ctrl/Cmd+Maj+Alt+S
Imprimer	Ctrl/Cmd+P
Fermer	Ctrl/Cmd+W
Fermer tout	Ctrl/Cmd+Maj+W
Quitter	Ctrl/Cmd+Q

Annuler	Ctrl/Cmd+Z
Annulations multiples	Ctrl/Cmd+Alt+Z
Couper	Ctrl/Cmd+X
Copier	Ctrl/Cmd+C
Copier avec fusion	Ctrl/Cmd+Maj+C
Coller	Ctrl/Cmd+V
Coller dedans	Ctrl/Cmd+Maj+V
Remplir	Maj+F5
Transformation	Ctrl/Cmd+T

Niveaux	Ctrl/Cmd+L
Courbes	Ctrl/Cmd+M
Teinte/Saturation	Ctrl/Cmd+U
Balance des couleurs	Ctrl/Cmd+B
Inverser	Ctrl/Cmd+I

Nouveau calque	Ctrl/Cmd+Maj+N
Fusionner les calques	Ctrl/Cmd+E
Associer les calques	Ctrl/Cmd+G
Dissocier les calques	Ctrl/Cmd+Maj+G
Dupliquer le calque	Ctrl/Cmd+]

Tout sélectionner	Ctrl/Cmd+A
Désélectionner	Ctrl/Cmd+D
Inverser la sélection	Ctrl/Cmd+Maj+I
Sélectionner tous les calques	Ctrl/Cmd+Alt+A

Filtre précédent	Ctrl/Cmd+F

Taille réelle des pixels	Ctrl/Cmd+Maj+0
Taille écran	Ctrl/Cmd+0
Afficher les règles	Ctrl/Cmd+R
Zoomer	Ctrl/Cmd++
Dézoomer	Ctrl/Cmd+-

Aide	F1

Les raccourcis sont paramétrables dans édition> Raccourcis clavier.

DISPONIBLES DANS LA COLLECTION

SAVOIR TOUT FAIRE AVEC PHOTOSHOP

Tutoriels - Volume 1
Collectif

Montage et effets spéciaux
par Julien Debove

Retouche photo
par Hervé Cafournet

SAVOIR TOUT FAIRE AVEC WINDOWS 7

Tutoriels
par Pierre Caillault

HORS SÉRIE

Les 500 meilleures applications pour votre iPhone
Collectif

Cet ouvrage a été composé en Archer et The sans
et achevé d'imprimé en mai 2010 chez BETA, en Espagne.
Fabrication CD QOL en Belgique

ISBN 978-2-36145-005-2
Dépôt légal mai 2010